COLLECTION «TERRITOIRES»

The Dragonfly of Chicoutimi
est le troisième titre de cette collection

DU MÊME AUTEUR

Le déclic du destin, théâtre, Leméac, 1989.

La place des yeux, poésie, Trois, 1989.

Gare à l'aube, poésie, Noroît, 1992.

Leçon d'anatomie, théâtre, Laterna Magica, 1992 ; Lansman, 2003.

Le crâne des théâtres. Essais sur les corps de l'acteur, Leméac, 1993.

Le génie de la rue Drolet, théâtre, Lansman, 1997.

Ogre. Cornemuse, théâtre, Lansman, 1997.

Éloge de la paresse (dans *Les huit péchés capitaux*), théâtre, Dramaturges éditeurs, 1997.

Les mains bleues, théâtre, Lansman, 1998.

Téléroman, théâtre, Lansman, 1999.

Le ventriloque, théâtre, Lansman, 2000.

Roller (dans *Théâtre à lire et à jouer 4*), Lansman, 2001.

Trois secondes où la Seine n'a pas coulé, poésie, Noroît, 2001.

Poudre de kumkum, récit, XYZ, 2002.

Le mangeur de bicyclette, roman, Leméac, 2002.

Panda Panda, théâtre, Lansman, 2004.

L'histoire d'un cœur, théâtre, Lansman, 2006.

Piercing (La hache / Piercing / Anna à la lettre C), récits, Gallimard, 2006.

Le problème avec moi, théâtre, Lansman, 2007.

Abraham Lincoln va au théâtre, théâtre, Lansman, 2008.

L'arbre chorégraphe, poésie, Noroît, 2009.

L'amour à trois (Tibullus / La femme aux peupliers / Cornemuse), théâtre, Lansman, 2010.

Cantate de guerre, théâtre, Lansman, 2011.

Sur son œuvre théâtrale

Le Corps déjoué. Figures du théâtre de Larry Tremblay, sous la direction de Gilbert David, Lansman, 2008.

LARRY TREMBLAY

The Dragonfly
of Chicoutimi

théâtre

LES HERBES ROUGES

Les Herbes rouges remercient le Conseil des arts du Canada et la Société de développement des entreprises culturelles du Québec, pour leur soutien financier.

Les Herbes rouges bénéficient également du Programme de crédit d'impôt pour l'édition de livres du gouvernement du Québec.

La première édition de *The Dragonfly of Chicoutimi* est parue dans la collection « Théâtre » aux Éditions Les Herbes rouges en 1995.

© 1995, 2005 Éditions Les Herbes rouges
Dépôt légal : Bibliothèque et Archives nationales du Québec,
            Bibliothèque et Archives Canada, 2005
ISBN : 978-2-89419-238-2

The Dragonfly of Chicoutimi a été créé en mai 1995,
à Montréal, au Théâtre d'Aujourd'hui, dans le cadre
du Festival de Théâtre des Amériques.

Jean-Louis Millette interprétait le rôle de Gaston Talbot.

Mise en scène : Larry Tremblay
Assistance et régie : Josée Kleinbaum
Scénographie : Mario Bouchard
Éclairage : Michel Beaulieu
Musique originale : Philippe Ménard
Costume : Amaya Clunès
Maquillage : Jacques Lee Pelletier
Direction de production : Harold Bergeron

Une production du Théâtre d'Aujourd'hui
et du Festival de Théâtre des Amériques.

L'auteur remercie Lorraine Hébert, Maureen LaBonté
et David Homel pour leurs précieux commentaires.

Pour David Ley

GASTON TALBOT

I travel a lot
I see a lot of things
very different from what we are used to see here
of course
when we travel we see different things
that's quite sure
but I have the feeling to tell it to repeat it
why
I don't really know
maybe saying it I just want to make a contact
to keep in touch as we say

What a nice expression
TO KEEP IN TOUCH
I like it I love it
I appreciate it so much
really what I'm looking for in life
is to keep in touch
that's the most important thing
and I seriously think that our duty
is to keep in touch
so much people and things are left out

so tonight my motto is
TO KEEP IN TOUCH

Actually
I try my best to keep in touch
with my very close environment
with everything and every person around me
I want to be in not to be out
I want to feel the right thing at the right moment
for the right reason

It's a question of fitting
I just want to fit with the scenery
the world is a bunch of problems
everyone knows that
if we share the same vision
we can handle the world
if we feel the same thing all together
we create a magic moment
and we deserve it after all
we are human beings
we are on earth to improve ourselves
all together we can do something great
and not only great
we can do MAGIC
I love so much that word
it's really a powerful one
I mean love and sharing
are the roots of MAGIC on earth
we don't need anything else

My name is Gaston Talbot
I was born in Chicoutimi
Chicoutimi is an amerindian word
it means up to where the water is deep
this word refers to the Saguenay
a big a beautiful a splendid river
but Chicoutimi as a town is ugly
as every American town
and this ugliness is very interesting
but fortunately nature surrounds every town
in this country
and nature cannot be ugly
right
when I was young
I used to play in the forest near my home
a little forest with a river called rivière aux Roches
this river was full of stones
as if a huge volcano had spit them
my friends and I
went down to the river on those stones
we were not afraid to lose ourselves in the forest
on the contrary we wanted adventures
we considered this charming area of woods
as an Amazonia where wild animals lived
where enormous flowers secreted poisons
where dangerous people watched us
with in their hands deadly weapons
we were frightened
thousands of enemies around us
watching the right moment to catch us

but finally we were always enough strong
to win the battle to kill the bad people
to clean the forest of the evil
o boy o boy o boy
what good memories

My childhood was surely a big success
because of that small piece of forest
near my family house
the freedom I felt down there
was the real root of my strength and my perspicacity
a child came into the forest
walked under the branches of the trees
but a man came out
with in his brain a vision a clear idea of his future
of what he had to do for the sake of his destiny

ONCE UPON A TIME
all my life I always got the dream
to start the story of my life
by saying ONCE UPON A TIME
and now I am ready fully ready to say
without any fear
once upon a time a boy named Gaston Talbot
born in Chicoutimi
in the beautiful province of Quebec
in the great country of Canada
had a dream and that dream came true
does it not sound *bien chic and swell*
that's common sense to answer yeah

Let's start again
once upon a time a boy named Gaston Talbot
played in the little forest
just behind his family house
beside him stood a young boy named Pierre Gagnon

I close my eyes and Pierre appears
he was a bit older than me
how old was I during this period of my life
ten years eleven not very important
let me say that both of us were enough old
to understand all what happened on that specific day
which day
a hot summer day of July
I'm still able to hear the bees around our heads
the sound of the river the songs of the sparrows
the sky was pure blue
naked blue without a single spot of cloud
I'm still able to smell the grass and the wild flowers
burn by the sun
everything was dry except our skin full of sweat
Pierre Gagnon was a beautiful child
blond hair blue eyes round and puffy cheeks
but a bit dumb
his father was not so bright either
he drank and was always on welfare
anyway let's go back to that sunny hot day of July
Pierre and I as all children in the world I presume
loved to play cowboys and Indians
pow pow you're dead that kind of stuff

that day I was the cowboy and Pierre the Indian
I definitely preferred to be the cowboy
and Pierre Gagnon never asked to be that
sometimes with other friends
I was obliged to play the Indian
but with Pierre I was always the cowboy
I presume that he got his fun
dying from the bullet of the cowboy who I was
that sunny day of July
I killed for more than an hour Pierre Gagnon
both of us were exhausted
the sun was incredibly hot
and transformed the forest into a desolated area
a kind of Sahara with carbonized trees
so it was just normal that Pierre and I
went down to the river rivière aux Roches
in search of freshness
Pierre without saying a word
took off all his clothes
got into the river and started to laugh
he looked like a little devil
a cute and joyful devil laughing for nothing
I think he was swallowed
by a strange state of empty happiness
just because he was as I said
a little bit dumb
even if I was very young
my sharp sense of things
my capacity to catch exactly what is going on
under the false appearance of events

put me straight in front of the truth
there was something totally wrong
on that hot sunny day of July
what exactly was it
no doubt that it concerned first
the naked body of Pierre Gagnon
laughing like a fool
in the water of the river rivière aux Roches
in the little forest
just behind my family house

THE NAKED BODY OF PIERRE GAGNON
that sounds very strange for my ears
even now after so many years
look at me
I have white hair
all those wrinkles around my eyes my lips my neck
my skin is yellow
my hands shake my legs hurt me
I have a bad breath
which indicates stomach troubles
I can't eat what I want and so on and so on
my body is a total ruin
but the river rivière aux Roches still flows in my veins
look
I put my hand near my ear
and hear the clear sound of the river
rolling on the rocks
very special this glouglou of the water
you know what I mean

don't you
sometimes
usually when I have to cross the streets
trying to save my life
in that dangerous city where the green light
never lasts enough time for people like me
I hear inside my body
not the water
but the rocks of the river rivière aux Roches
falling down without ever reaching the bottom
the bottom of what
guess
as you can observe
my body is full of surprises full full full

I told you that I travel a lot
that's not true
I told you that just to make me more interesting
it's common sense that people who travel
are more interesting than people
who stay all their life in the same little spot
so I introduced myself as a person who travels a lot
but really it's not true
I spent all my life in Chicoutimi
Chicoutimi which means
up to where the water is shallow
I believe in the power of destiny
to be born in Chicoutimi is very meaningful
up to where it's not profound
think about it

that's something you know

My childhood was a big success
I told you that too
it's not true
well the truth is not easy to catch
for a long time
when I woke up in the morning
I felt so depressed
that all I wanted was to go back to sleep
and sink into the depths of the nothingness
I used then to dream a lot
and one night on two
I was scared to death by nightmares
I was in an awful shape
but one night
I had a dream in English
let's say that it was
if I was blind and suddenly I recovered the sight
or if I was a horse and suddenly I turned into a dog
I know comparison is not reason
however what I want to express
is that the mere fact to dream in English
which after all is something more or less ordinary
even if as for me at that moment of my life
I was a French speaking person
was felt as a dramatic change
or even more
as a signal
something like an angel

coming down to the earth of my consciousness
to show me the way
for all those reasons
I remember precisely
all the details of that dream

Let me describe this dream

In the dream
I was a child
I mean I felt like a child
with an adult body
the body of my forties
the dream began
on Sainte-Anne Street in Chicoutimi
which is divided in two parts
Chicoutimi and Chicoutimi-Nord
the Saguenay separates them
the Sainte-Anne bridge makes the link between them
fifteen years ago they built a second bridge
ugly it goes without saying
beside the old one
the Sainte-Anne bridge nowadays is only for
    pedestrians
and for people who want to suicide
anyway
the Sainte-Anne Street starts at this bridge
and goes north to south
dividing the town in east and west
my parents rented a house on Sainte-Anne Street

between Saint-Joseph Street and Saint-Dominique
    Street
there is nothing interesting to say about this area
we are not responsible of the place where we are born
just remember however
that nearby
was the forest of the river rivière aux Roches
where I spent my essential childhood

Back to the dream
I was a child
with an adult body
I was on Sainte-Anne Street
sucking a popsicle
a white popsicle
everyone knows I suppose
the flavor of a white popsicle
I hope so
because it would be very difficult
to find the words to describe this flavor
a kind of coconut taste
but so artificial that it was impossible
to find out the stuff they use
to make my favorite popsicle
so I was sucking on Sainte-Anne Street
this white popsicle
when suddenly I had nothing more to suck
the popsicle simply disappeared
I had in my mouth only the wooden stick
the popsicle didn't fall down on the sidewalk

as it happened so often when I was a child
it just disappeared
like a bird or a flower is made disappeared
by the quick hands of a magician
I wasn't impressed at all by this disparition
I said
my popsicle disappeared so what
I said that in English
and I wasn't at all impressed
by the fact I said that in English
I was a child
with an adult body
speaking in English
so what

Back again to the dream
so I had in my hand
only the wooden stick of the popsicle
but after a short while
I had two sticks in my hand
and after another short while
three sticks and pow pow pow
I had ten or more sticks
I said
what a lucky boy I am
all these popsicle wooden sticks just for me

I have here to explain something
I'm an artist
in a way

I made an Eiffel tower
I made an Olympic stadium
I made big plates for fruits
I made a ship Japanese style
I made a Star Trek vessel
I even tried to make a human face
but I failed
anyway I got so much success
with my houses and their stairways
maybe a total of two hundred pieces
the biggest one has six feet high
that's something you know
and all that with simple wooden popsicle sticks
plus a bit of white glue
I was about twelve or thirteen
when I began to pick up on the sidewalks
and in the schoolyards
the popsicle sticks
to make my masterpieces
I stopped to do so in my thirties
two years ago I started again
for me now it's crucial to make things
with popsicle sticks
it makes me feel good
it makes me feel right
I mean I feel connected with the world
when I get up at five in the morning
wash myself eat an apple or corn flakes
dress myself go out in the streets still deserted
in search of popsicle sticks

I feel great

Sometimes strange thoughts crossed my mind
example
if I had seen during the day
a pregnant woman on the street
at night lying down in my bed
I spoke to myself in the following manner
this woman has a baby in her belly
nobody can see the baby
it's a hidden body
but me
in my bed
I could imagine the moment when the baby
seven or eight years later
would be a child playing with his friends
asking money to his mother to buy candy
and surely POPSICLES
and me I would be there
ready to pick up the stick
that he would surely throw away
never children throw their popsicle sticks in the
    garbage
never
and it's okay for me

Let's go back to the dream
I was on Sainte-Anne Street
in Chicoutimi
which means up to where the ships can go

and for the very first time in my life
I said something in a pure and understandable English
I said
my popsicle disappeared so what
and indeed so what
but I have to put it clear
the boy I was in my dream was not me
I mean he looked like me
if we consider that it was me
as a child with an adult body
but
and there is always a but
his face oh his face
this face was not mine
a strange mix in fact
it's a question of look anyway
everything in that superficial world
is a bloody question of look
am I right
oh yeah I am
I don't want to give the idea
that I'm a real connoisseur in the field of arts
but I have got some knowledge about painting
I know by heart some big names
Van Gogh Chagall Gauguin and Picasso
let me tell you
the face of the boy in my dream
which is supposed to be mine
looked exactly like a face of a Picasso
you get the picture

the nostrils are on the top of the nose
the mouth touches the forehead
and you can see simultaneously the face and the profile
all you can say is that something is wrong
so when I said in the dream
my popsicle disappeared so what
I got a look at my own face
and that face was a real Picasso
and when all these popsicle sticks
appeared from my shaking hands
this Picasso face looked at me with a strange smile
and something cruel in the eyes
for the sake of God
who is he
who is looking at me
with my own face
who is smiling at me
with my own smile
I started to run on Sainte-Anne Street
but I ran with that funny face on my shoulders
I understood that to run away was not a solution
how could I get rid of it
after a short while
I stood before the front door of my family home
at the 640 Sainte-Anne Street
I knocked the door
that's stupid I know
we have not to knock the door
where we live
but I'm just trying to describe my dream

as it came to me
I knocked
toc toc toc
no answer
I knocked again
it's me mum
your beloved son
I need your help
it's time for you
to show me your love
I'm in trouble
guess what happened to me
mum mum
open your heart
let me get in
give me your arms
protect me against the evil
look at the flesh of your own flesh

I need a break

I failed

It's not good
it's not at all good

What a pity
I'm not able to tell the truth
the naked truth
the simple and undressed truth

mother of all possibilities

Picasso
that's not true
I didn't get a Picasso face
not for a second

I was on Sainte-Anne Street in Chicoutimi
which means where the city stops or starts
with an adult body and an heart of a child
and the face of Pierre Gagnon on my shoulders
the popsicle sticks in my hands
transformed themselves into stones
each time I threw one on the ground
one more immediately appeared to replace it
I panicked
I ran as quick as possible
at 640 Sainte-Anne Street
knocked the door
mum mum
it's me
your terrible son
I hate geniuses
I hate people who think
we are dummies
who think that we will admire
a piece of shit
on a white sheet
because they put their name on it
I'm an artist

not a Picasso
I'm not creating monsters
I'm not selling my shit
nobody loves me
nobody touches me
I'm alone
I'm a terrible man
when I get up in the morning
I go outside
looking for popsicle sticks
this is a life
a real and tough life
mum mum
open the fucking door
I'll kill you
you understand me
open the fucking door
look at your son of a bitch
don't let him shout in the streets
look mum
look at the blood
look at the hands
look at the stones
it's magic
pure magic
I throw a stone
another one appears right after
my hands are full of stones from rivière aux Roches

Now I will play the part of mum

I have a cotton dress
an awful but so secure polka dot dress
I have my hair tied in a horse tail
I wear no make-up
my skin is white
like a pint of milk
I'm big I'm fat
but I have beautiful brown eyes
I don't hear my son
calling for me outside the door
I hear nothing
it's not my dream after all
and I'm not supposed to be there
so my son knocks and knocks
on that fucking door
and I don't give a damn
I'm going now to make a chocolate cake

No mum
don't let me down
don't make a chocolate cake
open your arms
for the cute baby I am
make a window in the door
and have a look
I'm naked
I mean
I have no more stones

Go away son of a bitch

You are not supposed
to speak like this
you are an official mum

Let's make a deal
come back
when I'll finish my chocolate cake

No mum
I want you now

I woke up went to pee
looked at my face in the mirror
Pierre Gagnon
why are you doing that to me
please stay quiet
stay in your place
in the gentle waves of the river rivière aux Roches
don't take my face
it belongs to my mother
I went back to my bed
slept and dreamed again

Now the door is open
how
I don't know

I smell something
chocolate cake
my heartbeats increase

make noise in my mouth
I hear the radio coming from the kitchen
a song
I know that song
tout va très bien Madame la Marquise
tout va très bien tout va très bien
I walk a few steps
the floor is wet
I say to myself
it's Friday
mum always washes the floor on Friday
I'm happy and sad
I love Friday
but I hate fish
I look my hands
the stones are gone
no more magic
I feel released
for now I just want to go
straight in the kitchen
open the freezer
and take a popsicle
a white one
mum always makes grocery on Friday
I'm sure
there is some popsicles in the freezer
my heartbeats still increase
boum boum
mum buys popsicles on Friday
but I have to wait Saturday to have them

Time
it's a question of time
I hate time
my dream won't last forever

Why mum is doing a cake

Why mum closed the door

Those questions strangle me

Back to mum

I wear an apron
over my cotton dress
I have still my hair
tied in a horse tail
I'm big fat and beautiful
I put on lipstick
a crude violent red
I say to myself
my lips are cherries
my white skin is bread
my heart is a chocolate cake
for the birthday of my beloved son
I have nine children
five boys four girls
I give them all my love
and this love
is separated in nine equal parts

by the knife of motherhood
but Gaston is different
he's so fragile so naive
he needs more than his part
oh Gaston please
take all the cake
I'm preparing
for the birthday of your seven years
but don't come now
stay behind the door
it's not ready yet
you understand
you son of a bitch
it's a surprise
tout va très bien Madame la Marquise
tout va très bien tout va très bien

This dream will kill me again
shall I go through with it
I shall
why

Back to mum
oh I'm so delighted
to have given birth
to such an adorable son
let me show you
his photo taken at his first birthday
cute isn't he
look at these brown eyes

my eyes
look at this nose
my nose
look at this mouth
my mouth
that's why I put so much love
in the chocolate cake
son of a bitch
are you there
don't come
it's almost ready
I have still to put
on the cake your seven candles
it's a surprise
don't forget

Now I know
what is going on here
it's my birthday
my heartbeats increase more
in a few seconds
I will have to blow my candles
will I be able to
and what will be my wish
those questions strangle me

What a nightmare
I suddenly discover
that I have no wish

Back to mum
I'm not a real mum
with heart and bosom
apron and lipstick
but for Gaston
on that very special day
at the question
will you be the loving mother of that boy
I will answer yes
let's prepare our mouth
for singing
happy birthday Gaston
let's prepare our smile
to put a real sense of music
in that stupid song
beloved son
come
the surprise is ready
candles don't last forever

Back to me

As I said
I'm a child
with an adult body
the floor is wet
my heart is on the edge of exploding
I don't think anymore
about white popsicles
I fix my mind

on that terrible thought
in a few seconds
I will blow my candles
without a wish
I make a step forward
come into the kitchen
it's dark
the light is off

Hi mum
let's kiss each other

You're right son
let's kiss

Your lips taste wild cherries

Please don't mention it

Oh mum
this chocolate cake is just for me

You're right son
look
you will see my heart
burning in the middle of the candles

Great

Happy birthday Gaston

now blow

I sweat as a pig
how can I blow without a wish
my life is definitely in ruins

Blow

The arms of mum
are big fat and beautiful
but also very strong
they grasp my head
push it over the flames of the seven candles
I feel the heat burning the hairs of my nostrils
the saliva drying at the corner of my lips
in a second
my heart will explode
my face will be in fire
if I don't blow
these fucking candles
so I blow them
wishing not to die

Mum hugs me
the radio still sings
tout va très bien Madame la Marquise
tout va très bien tout va très bien
mum turns on the light
turns herself toward me
to present me the knife

to cut the astonishing chocolate cake
where her heart beats
surrounded by hot wax drops
but when she looks at my face
in the yellow light of the 100 watt bulb
of the kitchen
all her hair including the horse tail
rises into the air as if her body is crossed
by a tremendous electrical shock

I say to myself
what's the matter
the ceiling is sucking mum up
her lip is rolled up
showing teeth like a mad dog

Who are you
you're not my beloved son
that nose is not mine
those blue eyes
are not my brown eyes
and what this fucking blond hair
is doing in my kitchen
don't touch the cake

For my own unhappiness
here I don't get the reflex to wake up
my dream goes on
without my agreement
and it gives mum

all the time she wants
to run after me
a knife in her right hand

Are you nuts
cut the cake
don't cut me

I repeat

Are you nuts
cut the cake
don't cut me

But mum is on her way
nothing can stop her
you know the strength
and the inflexibility of a mother
therefore this dream transforms itself
undoubtedly into a nightmare
at the precise instant
when mum throws the knife
and successfully reaches her target
tout va très bien Madame la Marquise
tout va très bien tout va très bien

A dragonfly fixed on a wall by a pin
I saw one once
I had an uncle who got crazy for insects
he showed me his collection

I was very young
maybe three or four years
I thought that the insects were all alive
fixed in a posture
on the starting line
waiting for the signal
which will allow them to fly away in all directions
when my uncle showed me
his enormous dragonfly
I was so attracted by it
that I touched it
but my move was too quick
the pin where the insect was fixed pricked me
blood came out at the tip of my finger
my uncle ran to it and sucked the blood
for many years
I thought that the dragonfly bit me
with his mouth or with his jaw or whatever

When the knife thrown by mum
transpierced my chest
fixing my body on the yellow wall of the kitchen
it was impossible for me to escape
the sensation and the idea
I was nothing but
a dragonfly fixed on a wall by a pin

Who are you

I'm the flesh of your flesh

look at me
touch me
please give me your help
I don't want to be an insect
I want to go to school
to learn French math
geography history of Canada
I want to eat mashed potatoes
steak and suck white popsicles

Nonsense
I recognize you now
you are Pierre Gagnon
the dumb child

Don't believe that
you are under the influence of my dream
don't buy anything here
remember the story of the prince and the frog

Don't try to catch me
with child's stories

Please kiss me
you will see
the prince your son
behind this awful mask

I don't kiss shit
I'm a true mother

one hundred per cent
made with love perfume
apron rings lipstick
chocolate cake and candles
my heart is tender
as a field of new grass
I gave birth
to nine sumptuous children
and Gaston is the jewel of that crown
which squeezes my head to death

A kiss
just a little one

Never
and now die
since your blood
is almost covering my floor

How can I die
my dream
even if it's a nightmare
will never allow my own death

Prove it

What

Prove that is your dream

Mum

it's obvious

Bullshit

Okay I will prove it to you
choose a number
I will guess it
since it's my dream
whatever you get inside your brain
it's already in mine
after all
your brain is nothing but
a tiny ball lost in my brain
you get your number

Sure

Okay
now I need a bit of silence
will you be kind enough
to turn off the radio
I cannot concentrate myself
with that *«tout va très bien Madame la Marquise»*
in background
thank you mum

Don't call me so

Please stay in front of me
don't move

I need to look in your eyes

Shit and bullshit

Please be kind

Guess the number
I'm in a hurry
do you think
I will let you transform my kitchen floor
into a vulgar red sea

It's your fault
you gave me life
with your blood
don't you smell it

Guess the number

It's coming oh it's coming
now I see the number
indeed I see two numbers
one in each eye
will you be kind enough mum
to concentrate yourself
on one number only

That's what I'm doing from the beginning

False

and now you are changing everything
how could I catch the number
if you change your mind every second

You are silly Pierre Gagnon

I'm not Pierre Gagnon
and stop to make me confused
now you are counting
6 7 8 9 10 11
that's not fair

Nonsense and pure bullshit
from the beginning
I have my mind fixed
on one and only one number

Impossible
and please be kind with your beloved son
after all I'm dying
don't you feel sorry
a bit of compassion
would be appreciated here
and let's put an end to all this shit
I'm fed up of that dirty kitchen
I'm fed up of loosing my blood on the floor
I'm fed up of you mum
looking at me as a stranger
KISS ME

She did

A quick kiss
on my left cheek

Suddenly
the Picasso's mask or whatever
fell down from my face
showing a dragonfly's head
mum cried like death
I opened up my big jaws
and I ate ate ate
the body of mum
from head to toes
hair and shoes included
excited by this incestuous meal
I swallowed the chocolate cake
with its seven candles
making the wish to fly

My wish was instantly fulfilled
the roof of my family house
exploded like a Coke cap
under the press of its shaked bottle
and I was pushed by an inner geyser
out of the kitchen
for the very first time of my life
I knew what was the meaning of happiness

I need a break

Happiness
that's not the point
I'm definitely not happy
look at my face
look
do you feel
the horrible tempo of my heart
it could be worse I know
everything could be worse
without any help
but I have a bad smell
do you smell it
do you identify it
a bad look a bad smell
and a hundred per cent bad luck
I Gaston Talbot
spent almost all my time
picking up on streets
popsicle sticks
to make not art as I said
but ready-made shit
garbage of a poor soul

Oh Pierre Gagnon
I never said
never never said
that your body
was the only one I ever touched

Happiness

bullshit for birds
for people with cars and houses
not for Gaston
not for that dumb Chicoutimi boy

Once upon a time
Gaston Talbot
a dragonfly who ate his mother
the day of his seven years
flew into the sky of Chicoutimi
for the first time of his life
the sight of his native place
made him happy
indeed he was euphoric
he saw with his eyes washed by the wind
the joyful pattern of the roofs
strange cattle scattered
in the crude green of the pines
in the yellow of the fields
he saw the quivering waves of the Saguenay
making their way through the rock of the fjord
like a liquid knife sculpting the landscape
he made a dive over Racine Street
increased his speed and in an acrobatic loop
returned to the infinite freedom of the sky
he felt amazingly beautiful powerful
faster than the speed of wind
unreachable and untouchable
with his lungs filled forever
with a courage of steel

when he threw a quick eye
on the little stream of the river rivière aux Roches
a strange attraction
obliged him to go down more and more
toward the tiny bright vein of the river
he could do nothing against this attraction
in a few seconds
he will crash
he tried desperately
to move his four dragonfly's wings
but he suddenly was aware
that he was simply shaking in the air
two stupid arms
he clearly understood
that it was the end
in a moment
he would be dead
crushed on the rocks of the river rivière aux Roches

BOUM

Dream is over

I wake up
totally wet
I open my eyes
I'm not in my bed
I'm lying on a body
a cold and wet body
the dead body of Pierre Gagnon

my lips are on his lips
I'm doing a mouth-to-mouth
I'm touching his blond hair
I'm looking his blue and fixed eyes
I'm taking his head with my two hands
and crushing it on the rocks
the blood of Pierre Gagnon
reddens the water of the river rivière aux Roches

What I told you
about those days spent to play with Pierre Gagnon
cowboys and Indians
in the little forest near my home
is not totally true
in fact I was the Indian
and Pierre the cowboy
he was about twelve years old
I was four years more than him
but I was so dumb
and he was so bright
he was the one
who knew what to do
at the right moment
for the right reason
he was the one
who deserved to be the glorious cowboy

Pierre's real name
was Pierre Gagnon-Connally
his mother Huguette Gagnon

married Major Tom Connally
he was from Windsor
he came to Saguenay
to work on the military base of Bagotville
Pierre always said to me
that his father was a pilot
he was so proud of him
but I never believed that
he was probably mechanic or operator
when Pierre was about ten
his parents divorced
his father left Bagotville

On that hot sunny day of July
Pierre Gagnon-Connally asks me to be his horse
I say yes
I stop being the Indian
I start to behave like a horse
I make noise with my lips
I jump I run everywhere
Pierre Gagnon-Connally catches me
with an invisible lasso
inserts in my mouth an invisible bit
and jumps on my back
he rides me guiding me with his hands on my hair
after a while he gets down from my back
looks at me as he never did before
then he starts to give me orders in English

I don't know English

but on that hot sunny day of July
every word which comes
from the mouth of Pierre Gagnon-Connally
is clearly understandable

Get rid of your clothes

Yes sir

Faster faster

Pierre Gagnon-Connally
removes from his pocket a cigarette
he lights it smokes it

Get down on your knees
you're a horse
not a man

Yes sir

He approaches me
puts out his cigarette on my thigh

Now you belong to me
you got my mark

Yes sir

Don't talk
a horse doesn't talk

I neigh

Eat now

I eat the grass

Good horse
come here now

He climbs on my back

Go to the river

I know where is the river
but Pierre never stops giving me orders

Go straight
turn left
left again
turn right
go straight
faster faster
son of a bitch
here we are
drink now

I drink
Pierre Gagnon-Connally on my back

Good horse

drink again
we have still a long ride to go

I drink again
looking my broken face
reflected in the water
of the river rivière aux Roches
but suddenly
I stand up
with the strength and the surprise of a spring
projecting Pierre in the river
I turn back
I see his broken body on the rocks

Silence appears
it's the air itself

I touch his body
I feel his life
I do a mouth-to-mouth
I see so close his face
I can't handle it
I take his head with my hands
and crush it on the rocks

It was not Pierre who laughed
in the water of the river rivière aux Roches

Nobody never learned
what really happened

on that hot sunny day of July
it was so easy
to think that Pierre slipped on the wet rocks
but if a boy
dumb but a boy
came in the forest on that day
I don't know who came out
specialists who examined me after the accident
declared me aphasic
for years and years
no words came from my mouth
I think I was not
as they said
aphasic
I was simply silent

And years and years later
the dream came
that funny dream I described to you
I told you
that I had this dream in English
and to quote myself
I felt that as a dramatic change
as an alert signal
something like an angel
coming down to the earth of my consciousness
to show me the way
bullshit
total and pure bullshit
why am I a liar like this

why am I so ridiculous
so pitiful
do I deserve
this ugly face you see
this awful voice you hear
do I

The night I had
that dream in English
my mouth was a hole of shit
I mean
full of words like
chocolate cake beloved son
son of a bitch popsicle sticks
your lips taste wild cherries
a dragonfly fixed on a wall by a pin
when the sunlight reached
my dirty sheets my eyes filled with sweat
my mouth was still spitting
all those fucking words
like rotten seeds
everywhere in the room
I was not
as they said
aphasic
anymore
I was speaking in English.

Gaston Talbot chante, après en avoir cher-ché les mots dans sa mémoire, la chanson J'attendrai, *popularisée par Tino Rossi.*

DOSSIER CRITIQUE

PRÉSENTATION

Yves Jubinville

> *[Je] me suis longtemps persuadé que ce qu'il devait y avoir en moi de plus attirant, c'est la singularité... Mais aujourd'hui où j'ai perdu quelque peu ma suffisance, comment me cacher que je ne me distingue en rien.*
>
> L.-R. DES FORÊTS, *Le Bavard*

On mesure difficilement aujourd'hui combien *The Dragonfly of Chicoutimi* provoqua l'étonnement à l'époque de sa création à Montréal, en 1995, dans la petite salle d'un théâtre consacré à la dramaturgie québécoise. Débarqué, sans crier gare, sur la scène du Théâtre d'Aujourd'hui, son personnage avait toutes les apparences d'un extraterrestre. Étendu sur un fauteuil à bascule, Gaston Talbot y livrait des propos dont la signification ne tenait évidemment pas du sens commun. Comment démêler, dans tout cela, la fantaisie, fruit de l'imagination pure d'un écrivain, de l'allégorie, ouvrant la fable sur une vérité cachée? La critique, bien qu'élogieuse à l'endroit de l'auteur Larry Tremblay et de l'interprète Jean-Louis Millette, ne sut pas toujours par quel bout appréhender ce que d'aucuns jugeaient pourtant déjà comme un morceau de bravoure. Écrire une pièce *québécoise* en anglais! Pourquoi, comment? Le contexte général de la création n'aura rien fait pour dissiper les doutes que pareille outrance ne pouvait manquer d'éveiller. En cette année cruciale pour le Québec du deuxième référendum sur la souveraineté, fallait-il y voir un geste de provocation?

Dix ans ont passé maintenant, et les premières réactions ont fait place peu à peu à l'analyse. En peu de temps, celle-ci en est venue à faire de cette œuvre inclassable un véritable «classique» de la nouvelle dramaturgie québécoise. Avec le recul que procure également une certaine connaissance théorique ou historique du théâtre, la pièce nous apparaît désormais un peu moins inquiétante. Il n'empêche, l'étonnement n'a pas disparu entièrement de l'horizon critique. Comme on le verra dans ce dossier, les commentateurs en tirent souvent prétexte pour souligner la part insaisissable de l'œuvre.

L'objectif de ce dossier ne doit pas tromper. Il ne s'agit pas de publier un échantillon de la couverture de presse abondante que la pièce (au Canada et à l'étranger) n'a pas manqué de générer depuis lors. Pas plus qu'il n'est question, comme cela se fait parfois dans le cas d'une œuvre polémique, de soumettre au jugement du public les arguments pour et contre entendus à son procès. Dans les essais retenus pour l'occasion, on verra davantage le dessein d'offrir au lecteur un aperçu des grands axes d'interprétation de la pièce, objectif qui s'accommode fort bien de l'incertitude qui plane toujours au-dessus d'une œuvre artistique nouvelle.

Autrement dit, la diversité des points de vue ne saurait faire oublier que le travail de la critique consiste à cerner les principaux enjeux d'une œuvre. C'est dans la matière même du texte que ceux-ci sont énoncés, le plus souvent sous la forme de questions lancées à la face du monde. La responsabilité de l'interprète est de savoir les entendre, ce que font à leur manière les auteurs de ces articles publiés entre 1995 et 2004. Peu importe que l'un le fasse avec les outils de la sociolinguistique et l'autre ceux de la psychanalyse, qu'il emprunte la voie tracée par les *gender studies* ou celle ouverte par la théorie du postcolonialisme, c'est la *fidélité* au texte qui, en fin de compte, sera garante de la *vérité* de chaque lecture.

Mais fidélité ne signifie pas soumission à la lettre du texte, comme nous l'enseigne déjà l'art de la mise en scène. Une telle attitude apparaît particulièrement intenable face à une œuvre qui, par le biais de son unique personnage, multiplie les stratégies de diversion, se présente sous le faux jour d'une langue empruntée et accumule les contradictions, les mensonges et les rétractations. Nous sommes ici plus que jamais aux prises avec un cas typique d'indécidabilité du sens qui appelle justement une diversité d'analyses, lesquelles ne s'élaborent guère dans des silos séparés mais construisent, par-delà le dialogue qu'elles entretiennent avec l'œuvre, une chambre d'échos où s'entendent de manière obsessive les mêmes interrogations sur la langue maternelle mutilée, la fascination de l'autre, l'«intraduisibilité» de l'expérience intime, le bilinguisme canadien ou encore les pouvoirs du théâtre.

S'il convient de s'arrêter à certaines de ces interrogations, c'est pour apprécier le traitement particulier que chacun leur réserve et pour mesurer les écarts de lecture qu'elles peuvent induire. Tout en proposant un aperçu de chaque article, il y aura lieu de s'interroger sur ce qu'à leur tour les auteurs choisissent d'omettre ou d'ignorer, preuves que l'analyse, toute savante qu'elle soit, comporte peut-être elle-même une part de stratégie... et d'inconscient.

Paul Lefebvre : récit d'une migration

La postface de Paul Lefebvre à la première édition mérite de figurer en tête de notre dossier, d'abord parce qu'elle constitue non pas le premier témoignage critique sur la pièce mais parce qu'elle occupe, au côté de celle-ci, un espace qui lui confère un statut d'autorité. Est-il besoin d'ajouter qu'une telle pratique, fort courante au moment où la dramaturgie québécoise est en plein essor et en quête de reconnaissance (années 1960 et 1970), tend à disparaître lorsque la légitimité du texte dramatique passe par la scène et non plus par la littérature. Le recours au discours d'escorte témoignerait dans le cas du *Dragonfly* d'enjeux débordant le cadre de la scène et qui s'énonceraient dans la proximité du texte publié, voire dans un jeu de miroir avec la parole même du personnage.

L'impact de ce texte sur la fortune critique de l'œuvre est indéniable. Dans «To Keep in Touch», Paul Lefebvre assoit ce qui va rapidement devenir l'interprétation canonique de l'œuvre : «Cette pièce, écrit-il, est écrite en anglais. En fait, elle est écrite en français, mais avec des mots anglais. Et dans *The Dragonfly of Chicoutimi,* ce passage linguistique est à la fois sujet et métaphore» (p. 77). L'affirmation a pris en effet valeur de paradigme, citée et commentée par tous les critiques qui suivront. Le plus important néanmoins, c'est qu'elle sous-tend une lecture globale de l'œuvre qui en même temps qu'elle éclaire le travail spécifique de l'écriture de Larry Tremblay tend à inscrire celle-ci dans le sillage de la dramaturgie nationale. Lefebvre joue en effet sur les deux tableaux en proposant une interprétation qui cherche à résoudre des positions en apparence contradictoires.

On comprendra mieux ce jugement en posant la question de savoir à qui s'adresse cette postface. Si l'on s'en tient à des considérations pratiques, notamment le tirage limité des pièces publiées, nul doute que le destinataire réel ne pouvait être que le lecteur/spectateur québécois (francophone). Pourquoi en avoir donner une version anglaise? Le fait est notable par son caractère exceptionnel. Même dans le cas d'une édition bilingue, l'appareil paratextuel est généralement unilingue. La surprise paraît plus grande encore si l'on pense que cette pièce, «écrite en anglais avec des mots français», a toutes les apparences d'être intraduisible. De là à conclure que la postface visait un autre destinataire, il n'y a qu'un pas qu'il n'est pas difficile de franchir[1]. On comprend ainsi pourquoi Larry Tremblay y est comparé à Kafka et à Beckett plutôt qu'à... Michel Tremblay ou Normand Chaurette, qui n'affichent pas moins une pareille fascination pour la «migration linguistique», dût-elle s'effectuer par d'autres voies que le changement d'idiome.

Resurgit ici le clivage, qui fut longtemps un leitmotiv de la critique littéraire au Québec, entre le particulier et l'universel. Au risque d'abuser d'une formule, disons que l'étrangeté du texte lui-même appelait un public étranger au sens métaphorique du terme. Entendre : public étranger à la dynamique interne du théâtre québécois ou du moins qui accepterait, l'espace d'un instant, d'en faire abstraction pour pénétrer l'univers insolite de Gaston Talbot. En même temps, l'interprétation de Lefebvre puise aussi à la source de l'historiographie nationale des lieux communs comme l'aliénation et la résistance, thèmes qui replacent le personnage de Gaston Talbot au centre de la tragédie québécoise. Mais cette tragédie, ajoute-t-il, n'est-elle pas celle de tous les petits peuples face au grand Autre anglo-saxon qui «est en train d'avaler tous les autres»? (p. 78).

Ce qui a les allures d'un paradoxe témoigne, à vrai dire, d'une intuition exceptionnelle en regard du destin formidable de la pièce. Jouée sur les scènes du monde entier, *The Dragonfly of Chicoutimi* posséderait tous les ingrédients d'une «œuvre du terroir». Y aurait-il là-dedans quelque chose comme une revanche, un désir de réparation dans le même esprit qui anime les tenants de la diversité culturelle à l'heure de la mondialisation? À l'interprétation quelque peu héroïque de Lefebvre («Gaston Talbot, le personnage du *Dragonfly of Chicoutimi,* est un précurseur», p. 80) certains opposeraient sans doute que tout cela repose sur un malentendu. Le même qui aura permis que la pièce soit traduite en italien.

Robert Dion : entre le moi et l'autre

Dans «Un cas extrême d'hétérolinguisme?», Robert Dion replace dans un contexte plus large la stratégie qui consiste à faire de l'œuvre littéraire (et de l'identité) un miroir du commerce (ou de la lutte) des langues. Empruntant à Rainer Gruntman la notion d'hétérolinguisme, il décrit le système de différenciation linguistique à l'œuvre dans la pièce de Tremblay. Cas extrême, précise-t-il, si l'on considère qu'au Québec l'œuvre de fiction a toujours, aussi loin qu'on s'en souvienne, intégré les autres langues (latin, langues amérindiennes) alors qu'ici l'anglais serait parvenu à absorber entièrement l'idiome français.

L'intérêt de cette analyse est de montrer que l'anglais de Gaston Talbot, suivant l'hypothèse de Lefebvre déjà citée, reste malgré tout marqué par une série d'écarts lexicaux et grammaticaux qui, tout en traduisant un état avancé de dégradation linguistique, affirment néanmoins que le rouleau compresseur anglophone n'a pas réussi à entamer le cœur, l'âme, le soubassement de l'identité québécoise.

Traité à la marge de cette étude, la question du joual est évoquée à titre de comparaison pour renforcer cette hypothèse, qui était déjà celle d'un Hubert Aquin dans les années 1960 défendant l'idée que le joual constituait une arme efficace de résistance contre l'envahissement de l'anglais par sa capacité à corrompre cette langue de l'intérieur, «à lui faire subir, poursuit Dion, une amorce de créolisation...» (p. 88). Chez Gaston Talbot, l'usage de l'anglais suivrait vraisemblablement le même dessein, ce qui est à l'évidence une façon de renverser la perspective courante sur le texte de Tremblay.

Voilà un personnage qui, au terme d'un long sommeil et d'une éclipse partielle de la conscience (présentés sous la forme de l'aphasie et du rêve), se réveille dans la peau d'un autre et s'engage

dans un processus de renaissance, de réappropria-
tion de soi. Devenir sujet, c'est forcément passer
par l'autre (par l'objet), même si celui-ci doit être
à son tour sacrifié. En renonçant à la langue maternelle, Larry Tremblay est «conduit, explique
Dion, à décrire une identité qui ne peut se maintenir que par l'autosuggestion (dérisoire), le mensonge et la contradiction» (p. 98). N'est-ce pas
cela que l'on appelle, métaphoriquement, s'inventer une langue d'écrivain?

Robert Schwartzwald : tenir la langue par la bride

La référence au joual apparaît également au
détour de l'article de Robert Schwartzwald qui
repère, dans le *Dragonfly,* l'image obsédante du
cheval, du *horse.* «Depuis qu'il est sorti de son
rêve, Gaston Talbot dit *horse.* Et non seulement
dit-il *horse,* mais il se souvient d'avoir été un
cheval pour son ami Pierre Gagnon-Connally»
(p. 105). À l'interprétation sociolinguistique,
l'auteur oppose ici un regard psychologique qui
prête à la figure animale une signification libi-
dinale, sexuelle, renvoyant à la fascination et à
l'angoisse liées à la découverte du désir.

S'appuyant largement sur le cas du jeune
Hans, étudié par Freud, l'auteur aborde le monologue du personnage de la pièce de la même
manière que la psychanalyse interprète le récit
de rêve ou le souvenir d'enfance. À la base du

discours, l'événement traumatique du meurtre (symbolique?) agirait comme une sorte de souvenir-écran qui tient le sujet par la bride et force ainsi sa parole à prendre d'interminables détours pour masquer la violence de l'événement et la force du désir.

Dénégations, substitutions, confusions génériques, réversibilité des langues : les stratégies de Gaston Talbot sont nombreuses qui prêtent à son récit des qualités proprement théâtrales, lesquelles tiennent toujours le sujet à distance de lui-même. Là encore, l'usage d'un anglais corrompu par la syntaxe française présente l'exemple d'un détournement de l'identité qui, par la confusion dont elle est le symptôme, maintient le personnage englué dans l'indétermination.

À l'inverse de Lefebvre, Schwartzwald propose en définitive une vision beaucoup moins héroïque du personnage. Replaçant, à la toute fin de son essai, les enjeux de la pièce dans une perspective historique, il conclut que la parole de Gaston Talbot décrit le parcours d'un être dont les assises seraient aussi friables et mouvantes que celle de la rivière aux Roches du temps de son enfance, rivière dans le miroir duquel le Québec afficherait à son tour l'image tragique de son *non-lieu* originel.

Il n'y a rien de surprenant au fait que la psychanalyse trouve, dans *The Dragonfly of Chicoutimi,*
ample matière à penser. La lecture qu'en propose
Chiara Lespérance, chercheure italienne d'origine
québécoise, n'en est pas moins originale en dépit du fait qu'elle repose sur une analogie qui peut
paraître restrictive, soit de voir le monologue de
Gaston Talbot comme une séance d'analyse.
L'originalité vient du fait qu'à la différence de la
méthode classique qui consiste à suivre les méan-
dres du discours jusqu'au scénario archaïque de
l'enfance, l'analyse proposée ici remonte aussi
loin que la guerre utérine avec la mère qui est,
selon l'approche micropsychanalytique de Silvio
Fanti, le stade initial de formation du sujet.

À la base de la lecture de Lespérance, l'idée
que la langue anglaise adoptée par Gaston Talbot
soit l'expression d'une soumission à l'agresseur,
en l'occurrence sa propre mère, ne s'explique que
si l'on suit l'argumentation selon laquelle les
premiers instants de cohabitation entre l'embryon
et l'utérus maternel se déroulent toujours sur le
mode du conflit. D'abord perçu par la mère
comme un corps étranger, l'enfant adopte, à ce
stade, la stratégie du caméléon, qui consiste à
épouser les contours d'un milieu ambiant hostile.
C'est après avoir trompé la vigilance de l'agresseur
que le fœtus lance à son tour une attaque et entreprend de «dévorer» la paroi utérine qui l'entoure.

Hypothèse étonnante au premier abord, la langue anglaise est donc ici associée au pouvoir de la mère. Dans les faits, l'anglais apparaît dans ce scénario comme l'expression d'un stade primaire de l'identité, celui que Gaston Talbot revendique en ouverture de son monologue, en disant vouloir être «in» et non «out», en exprimant le souhait de rester «in touch», dit-il, «with my very close environment» (p. 12). L'enfantement serait, par conséquent, la première tentative d'arrachement à cet espace fusionnel, mais qui risque toujours d'avorter quand survient un événement traumatique qui replonge le sujet dans la gangue amniotique.

Par un retournement de perspective, l'analyse de Lespérance ouvre sur une lecture au second degré qui donne de l'eau au moulin aux précédentes se situant davantage à l'échelle de la psychologie collective. Comment ne pas voir que ce syndrome fusionnel de la langue, au Québec, se traduit en effet par un idiome qui emprunte à l'autre (l'anglais) les formes de sa survie? Revenant à l'exemple du joual, il apparaît que la langue de Gaston Talbot représente, dans les circonstances, un cas extrême (et imaginaire) de la régression infantile définie par la psychanalyse, mais dont la manifestation réelle exprimerait surtout la difficulté pour une société coincée à ce stade de se libérer de l'emprise de la Mère (de la «culture première», dirait le sociologue Fernand Dumont) afin de véritablement naître à Soi. Une naissance qui ne saurait passer, nous dit l'auteure, que par l'épreuve ultime et décisive du meurtre (de la mère et de Pierre Connally).

Michael Darroch et Jean-François Morissette : dans le miroir des villes

À l'exemple de son personnage, l'œuvre de Larry Tremblay semble démontrer un formidable pouvoir d'adaptation. C'est du moins ce que font valoir deux chercheurs montréalais, Michael Darroch et Jean-François Morissette, dans un article portant sur la réception critique de la pièce à Montréal et Toronto entre 1995 et 2002.

Partant du constat que la pièce traduit l'expérience culturelle de l'auteur en sol montréalais, et ce, même si la référence à Chicoutimi est on ne peut plus insistante, Darroch et Morissette entendent démontrer que l'œuvre appelait une autre lecture de la part du public torontois. Ce faisant, la démonstration cherche à invalider l'hypothèse selon laquelle il s'agirait là d'une œuvre intraduisible, voire incompréhensible pour un public qui n'a pas vécu ou ne vit pas une situation d'acculturation.

La comparaison entre les deux villes soulève notamment la question de la cohabitation des langues, qui informe grandement, selon les auteurs, sur la compréhension que le public a pu avoir de la pièce. À Montréal, seule ville véritablement bilingue au Canada, cette cohabitation définit l'expérience du quotidien et marque très souvent les échanges privés, pour ne pas dire intimes, entre les individus. Darroch et Morissette expliquent que dans ce contexte la réception critique a surtout fait écho au drame personnel du personnage. En revanche, à Toronto, où le bilinguisme demeure une abstraction politique, la pièce a été lue d'emblée comme une allégorie politique de la guerre des langues au Canada.

Traduisible, *The Dragonfly of Chicoutimi* l'est sans doute mais dans un sens qui ne saurait faire abstraction de la non-équivalence des contextes de réception, ce qu'à l'échelle du théâtre un metteur en scène comme Antoine Vitez exprimait bien en arguant que la valeur d'une œuvre classique se mesurait justement à sa capacité de faire résonner la distance séparant deux réalités historiques. Dans la distance géographique séparant Montréal et Toronto, la résonance de la pièce de Larry Tremblay n'apparaît pas moins grande. Ajoutons surtout que son effet d'étrangeté aura sans doute contribué à rendre, dans ces deux villes, la réalité un peu moins transparente.

Dépayser la scène

Par son sujet et sa méthode l'essai de Darroch et Morissette est le seul à traiter, bien que de manière oblique, des enjeux scéniques de la pièce.

On comprendra cependant que s'il y est question d'une interaction entre la scène et le public, celle-ci ne saurait être autre chose qu'une transposition du conflit «politique» qui encadre la représentation. Derrière cette scène, pourtant, s'en cache une autre qui appelle d'autres questions, d'autres enjeux qu'effleurent à peine les auteurs de ce dossier mais qui n'éclairent pas moins la place qu'occupe cette pièce dans le paysage théâtral et dramatique contemporain.

Un exemple en terminant. *The Dragonfly of Chicoutimi* s'inscrit dans la mouvance actuelle du théâtre-récit qui, dans la lignée de Beckett, semble avoir renoué avec les codes ancestraux du drame pour brouiller la frontière entre théâtre, poésie et conte/roman. Il faudrait ici mentionner d'autres pièces du même auteur *(Leçon d'anatomie, Ogre),* comme faire appel à de nombreux textes européens (ceux de Minyana, de Jean-Luc Lagarce, de Novarina) pour apprécier l'amplitude du phénomène. Retenons surtout que cette manière à la fois archaïque et neuve de travailler la parole atteste de la volonté de redéfinir ce qu'il faut bien appeler l'expérience du théâtre.

Sous cet angle, la pièce de Larry Tremblay cesse pour un moment d'être une fiction, et l'anglais de Gaston Talbot, d'être une métaphore. Ce que donne à voir et à penser le théâtre-récit, et qui faisait la singularité de l'œuvre à la création, c'est l'événement du témoignage, de la confession faite à un public présent : événement qui fait surgir des mots dans le corps d'un acteur. Le fait que ceux-ci soient en anglais n'est évidemment pas anodin. L'explication toutefois ne se réduirait pas à la valeur référentielle (culturelle ou politique) de la langue, elle se trouverait aussi dans l'expérience concrète d'être en scène et pour laquelle l'écriture de Tremblay représente une sorte de carte routière traçant les limites d'un espace à parcourir, entendu que cet espace sera toujours, pour l'acteur, l'occasion d'un dépaysement, d'une déportation, et, pour l'écrivain, l'instrument de son invention.

NOTE

1. La petite histoire de l'édition de la pièce confirme qu'à l'origine celle-ci devait paraître simultanément à Montréal et Toronto. Le faillite de l'éditeur canadien-anglais fit avorter le projet, mais il fut décidé malgré tout d'accompagner le texte d'une postface bilingue.

TO KEEP IN TOUCH

Paul Lefebvre

Cette pièce est écrite en anglais. En fait, elle est écrite en français, mais avec des mots anglais. Et dans *The Dragonfly of Chicoutimi,* ce passage linguistique est à la fois sujet et métaphore.

> *We are not responsible of the place where we are born* (p. 21)

Il y a des périodes de l'histoire où une langue domine les autres, devient la *lingua franca* qui permet aux peuples *barbares* de communiquer entre eux et de communiquer avec le peuple qui les assujettit. Le latin, sous la *pax romana,* était une telle langue.

Aujourd'hui, en cette fin du XXᵉ siècle, l'anglais domine la planète comme aucune langue ne l'a jamais dominée. L'Angleterre, au siècle dernier, a imposé sa langue à tout son empire colonial. Depuis la Deuxième Guerre mondiale, les États-Unis ont imposé l'anglais grâce à leur puissance économique et à leur envahissante industrie du divertissement. L'anglais constitue un immense territoire en expansion.

Le Québec, îlot francophone encerclé par trois cent millions d'anglophones, a appris que le mot *autre* ne peut s'écrire qu'au singulier, et avec un grand A. Or, en ce moment, cette croyance est en train de se répandre chez tous les peuples, dans toutes les langues. Le grand Autre anglo-saxon est en train d'avaler tous les autres.

> *if we share the same vision*
> *we can handle the world*
> *if we feel the same thing all together*
> *we create a magic moment* (p. 12)

Il est épuisant de résister. Il est épuisant de vouloir être soi face au grand Autre dont la force séduit, attire, même si cet Autre nous nie par indifférence. Même si cet Autre nous opprime, confondant en toute innocence ses intérêts et les nôtres. L'Autre n'a que faire des différences.

À l'intérieur de chaque résistant, il y a une petite voix qui le supplie de se fondre enfin à cette puissance qui l'écrase. Quel Québécois n'a pas songé un jour à cesser de parler français pour renaître dans les eaux de la grande mer anglophone? Obéir au mépris de soi que nous a communiqué l'Autre pour enfin se fusionner à lui? Faire partie de l'Autre pour qu'il n'y ait plus jamais d'autres? Haïr la différence? Comme Gaston Talbot, rêver d'un monde sans clivage aucun, débarrassé de toute expérience d'altérité, d'un monde où toute différence est abolie au profit d'un éternel *magic moment*?

> *I want to be in not to be out* (p.12)

Gaston Talbot, né à Chicoutimi, est né *out*. Et cet incident de sexe et de domination et de langue anglaise et de mort avec «THE NAKED BODY OF PIERRE GAGNON» l'a exilé de sa propre vie. Tout traumatisme sexuel fait éclater pour le sujet l'unité du monde, cesse d'en faire un lieu évident, allant de soi. Le sujet n'a pas grand choix : ou bien il se campe orgueilleusement en marge de la majorité sociale, ou bien il tente de trouver un moyen de recoller le miroir éclaté, de réintégrer le corps social, là où, de nouveau, tout irait de soi : «I want to be in not to be out». Kafka nous a indiqué comment vivre au XXe siècle : «Dans le combat entre toi et le monde, seconde le monde.» Juif pragois, parlant yiddish dans une ville tchèque, Kafka a entrepris d'écrire son œuvre en allemand.

I had a dream in English
let's say that it was
if I was blind and suddenly I recovered the sight
(p. 19)

C'est le rêve, c'est l'inconscient qui dicte à Gaston Talbot la solution. Beckett l'avait compris : si l'on veut se projeter dans une vie fictive, il vaut mieux changer de langue. Il passa au français parce qu'écrire en anglais à partir de choses vécues en anglais, c'était trop douloureux. De son propre aveu, cela aurait rendu l'écriture trop «sentimentale». Se détacher de sa langue : une façon de KEEP IN TOUCH sans que les mots ne nous entraînent dans une agonie sans fin.

Même dans une autre langue, les mots ne peuvent s'empêcher de traquer les douleurs de la vie. L'anglais de Gaston est fragile. En fait, il parle encore et toujours en français, mais avec des mots anglais. Au mieux, les anglophones trouveront que son expression est poétique. Il ne cesse de créer des remparts de mots pour tenir sa vie à distance. Mais les remparts s'écroulent les uns après les autres. Et les mots, malgré la distance de la langue, cernent impitoyablement sa vie.

Fallait-il s'appeler Larry Tremblay et porter dans son nom les deux langues pour écrire un tel texte, comme si *Larry* donnait des mots au silence de *Tremblay*? Fallait-il être né au Saguenay? Cela a pu faire naître le texte plus vite. Mais, tôt ou tard, on l'aurait écrit ailleurs, à Athènes ou à Düsseldorf ou Dieu sait où. D'ailleurs, pour traduire la pièce en grec ou en allemand, il ne faudrait pas la mettre en mots grecs ni allemands. Il faudrait mettre des mots anglais sur une langue grecque ou allemande; ou lettone, bengali, néerlandaise... Gaston Talbot, le personnage du *Dragonfly of Chicoutimi,* est un précurseur.

UN CAS EXTRÊME D'HÉTÉROLINGUISME?

Robert Dion

> I was not
> as they said
> aphasic
> anymore
> I was speaking in English.
>
> GASTON TALBOT

On sait que, du point de vue de la langue, le texte littéraire est rarement uniforme (Grutman, 1997, p. 11). Rares sont les œuvres, en effet, qui ne font pas entendre la multiplicité des langues qui se rencontrent dans l'espace de la fiction. Si la plupart des fictions mettent en scène plusieurs langues, c'est *a fortiori* le cas pour le texte québécois contemporain, qui non seulement intègre les divers registres et variantes de son idiome principal, le français, mais tend de plus en plus sinon à vraiment *utiliser,* du moins à représenter les langues qui se parlent et se télescopent sur son territoire – physique et imaginaire.

Idiome fortement présent au XIXᵉ siècle, le latin liturgique ne se manifeste presque plus dans le corpus contemporain : d'autres langues l'ont remplacé depuis les années 1960 et 1970, qui résonnent au sein d'un espace social dorénavant composé de multiples communautés immigrantes – d'un espace qui, par ailleurs, s'est ouvert à des traditions culturelles autres que française, anglaise ou américaine[1]. La question de la langue – ou plutôt des langues – du texte québécois actuel excède ainsi le problème de la *diglossie,* que cette dernière soit définie comme la concurrence de deux variétés d'une même langue (Martinet, 1982) ou comme une relation langue/dialecte à l'intérieur d'une seule langue d'écriture (Chantefort, 1976); elle renvoie à la question du plurilinguisme textuel, à celle du contact et du battement de langues toujours plus nombreuses.

Cependant, il ne faudrait pas croire que le texte québécois, au cours des vingt ou trente dernières années, est devenu profondément polyglotte. Dans toutes les littératures, les écrivains bilingues ou plurilingues demeurent l'exception, pour des raisons aisément compréhensibles, qu'elles soient esthétiques ou commerciales. Au Québec, les auteurs ont tendance à compter avec l'unilinguisme d'une part significative du lectorat (60 % des Québécois sont unilingues francophones) et se contentent en général de figurer les langues étrangères par quelques touches à forte valeur dénotative et connotative, judicieusement déposées. Il ne s'agit donc pas, ici, de s'attacher à telle œuvre «bilingue» ou «multilingue», mais à un exemple qui, dans les limites imposées par le *marché* québécois (différent, par exemple, du marché acadien, où les possibilités d'hybridation linguistique sont plus riches à cause du bilinguisme réel des auteurs et de la population), suggère la cohabitation des langues par divers moyens, la représentation ainsi créée produisant ce que Rainier Grutman appelle un *hétérolinguisme* (1997, p. 37), c'est-à-dire l'inscription de différences au sein de la représentation des idiomes écrits ou parlés, que ce soit à l'intérieur d'une narration ou d'une séquence dialoguée.

Dans le cadre restreint de la présente étude – et en tenant pour acquis que l'examen attentif de la représentation d'une langue donnée est susceptible de frayer la voie à l'observation des autres langues qui composent la Babel littéraire d'aujourd'hui –, j'ai choisi de me borner à l'anglais qui, on le comprendra aisément, est de loin la langue étrangère la plus répandue dans le corpus québécois. Pour les besoins de l'analyse, j'ai retenu une pièce des années 1990 : *The Dragonfly of Chicoutimi* de Larry Tremblay, dont il faudra voir si elle constitue un cas extrême d'hétérolinguisme. Une chose est certaine : cette pièce se révèle un terrain d'observation privilégié de la transparence des langues (français, anglais) et, par ricochet et en vertu des transferts qu'elle opère entre les idiomes, de la question identitaire qui, au Québec, se cristallise à travers les choix linguistiques.

The Dragonfly of Chicoutimi relate l'histoire d'un personnage de langue et de culture franco-québécoises, Gaston Talbot, qui, un beau jour, au sortir d'un rêve troublant, se réveille anglophone.

Toute la pièce est donc écrite en anglais; mais cet anglais, on le verra, est pour le moins problématique. Contentons-nous pour le moment d'indiquer que la pièce, à la différence d'autres œuvres québécoises contemporaines qui font une large place à l'anglais, présente l'originalité de ne pas mettre en scène un contexte culturel favorisant la coexistence des langues – qu'il s'agisse du Montréal multiculturel qui sert de cadre à un récit comme *La Québécoite,* de Régine Robin (1983), ou des grandes villes américaines où se déroule l'action de romans tels que *Volkswagen Blues,* de Jacques Poulin (1984), *Copies conformes,* de Monique LaRue (1989), ou encore d'*Une histoire américaine,* de Jacques Godbout (1986). *The Dragonfly of Chicoutimi* reste fermement ancré dans le sol québécois, la ville de Chicoutimi constituant un bastion francophone au cœur d'une région, le Saguenay-Lac-Saint-Jean, majoritairement souverainiste ou indépendantiste. En l'occurrence, ce n'est pas un Québécois qui se transporte sur le terrain de l'Autre anglo-saxon et qui est tenu d'adopter au moins partiellement sa langue, c'est l'anglais qui investit la parole du protagoniste, un anglais cependant qui doit compter avec la présence rémanente, souterraine, de la langue d'origine, le français, langue abolie, recouverte, cachée, mais en même temps indéracinable, persistante.

Parler en *anglais*

Dans sa postface à la pièce de Larry Tremblay, Paul Lefebvre remarque d'entrée de jeu, et avec beaucoup d'aplomb, ceci : «Cette pièce est écrite en anglais. En fait, elle est écrite en français, mais avec des mots anglais» (p. 77). À mon sens, il s'agit davantage ici d'une interprétation que d'une description de l'écriture de la pièce : si, oui, d'une certaine manière, *The Dragonfly of Chicoutimi* est une pièce écrite en français avec des mots anglais[2], on doit admettre, lorsqu'on s'en tient à la seule facture du texte, qu'elle est écrite en anglais, dans un *basic english* certes (tout bilingue imparfait peut facilement la lire sans dictionnaire), mais néanmoins relativement idiomatique. Sur un mode plus immédiatement descriptif, on constate que la pièce est rédigée dans un anglais très dépouillé du point de vue de la syntaxe et du vocabulaire – la disposition du texte en courts vers contribuant au surplus à accuser cette impression de dépouillement – avec, déposées çà et là, des traces de français. En raison d'un pari d'écriture innovateur et jusqu'à un certain point aporétique – écrire une pièce française en anglais –, *The Dragonfly of Chicoutimi* connote naturellement le français, produisant l'illusion de ce que Paul Goetsch (1987) appelle un «bilinguisme unilingue». On dira aussi que la pièce se caractérise par ce que Sherry Simon, à la suite de Gérard Genette, désigne comme un «cratylisme du code» en vertu duquel «les codes affirment par leur seule présence une vérité qui ne pourrait se dire autrement» (1994, p. 171) : parce qu'il use d'une variété particulière d'anglais, *The Dragonfly of Chicoutimi* se trouve à énoncer certaines choses que le contenu même du dialogue ne peut transmettre.

Parmi les rappels du soubassement francophone du drame, il y a bien sûr le référent géographique : la rivière aux Roches, la Sainte-Anne Street, etc., sans oublier le Saguenay – un mot indien francisé –, Chicoutimi – un autre mot indien francisé, dont le sens est sans cesse révisé au fil de la pièce : «up to where the water is deep» (p. 13), «up to where the water is shallow» (p. 18), «up to where it's not profound» (p. 18), «up to where the ships can go» (p. 24), etc. – et Bagotville – qui pourrait aussi bien être français ou anglais. Il y a aussi les références culturelles : les chansons *Tout va très bien, Madame la Marquise* et *J'attendrai,* l'expression québécoise bilingue «bien chic and swell», qui introduit un très léger déplacement au sein de la langue anglaise. Plus fréquemment encore, on relève toutes sortes d'effets de transparence entre les deux langues – manifestement voulus et non liés à une méconnaissance de l'anglais, le texte ayant été revu entre autres par l'écrivain anglo-québécois David Homel –, effets qui reviennent presque à chaque page ou à toutes les deux pages et dont je donne maintenant quelques exemples choisis (il y en a d'autres) :

p. 11 : *but I have the feeling to tell it to repeat it* [calque de l'expression québécoise «j'ai le goût de le dire de le répéter»]. Forme correcte : *I feel like telling it repeating it.*

p. 17 : *that sounds very strange for my ears* [calque]. Forme correcte : *that sounds very strange to my ears.*

p. 17 : *very special this glouglou of the water* [onomatopée française].

p. 19 : *if I was blind and suddenly I recovered the sight / or if I was a horse and suddenly I turned into a dog* [faute de grammaire]. Forme correcte : *if I were blind and suddenly I recovered my sight / or if I were a horse and suddenly turned into a dog.*

p. 20 : *and for people who want to suicide* [calque du français «et pour les gens qui désirent se suicider»]. Forme correcte : *and for people who want to commit suicide.*

p. 30 : *my skin is white / like a pint of milk* [faux ami : «pinte» = «quart» en anglais, du moins en anglais américain; traduction littérale d'une expression québécoise]. Forme correcte : *my skin is as white as snow* ou *lilywhite.*

p. 30 : *I'm going now to make a chocolate cake* [l'ordre des mots n'est pas l'ordre habituel en anglais]. Forme correcte : *I'm now going to make a chocolate cake.*

p. 32 : *there is some popsicles in the freezer* [faute de grammaire]. Forme correcte : *there are some popsicles in the freezer.*

p. 32 : *boum boum* [onomatopée française].
Forme correcte en anglais : *boom boom.*

p. 33 : *Why mum is doing a cake* [calque] –>
Why mum is baking ou *Why mum is making a
cake.*

p. 34 : *for the birthday of your seven years*
[calque du québécois : «pour la fête de tes
sept ans»]. Forme correcte : *for your seventh
birthday*; à la fin de cette même page l'expression est reprise correctement : *his photo
taken at his first birthday.*

p. 37 : *Your lips taste wild cherries* [expres-
sion mi-anglaise mi-française : calque, en
fait, d'une expression québécoise qui est
peut-être un anglicisme : «tes lèvres goûtent
les cerises sauvages[4]»]. Forme correcte : *Your
lips taste like wild cherries.*

On relève des «fautes» jusqu'à la fin de la pièce,
mais elles ont tendance à se raréfier.

On voit que si le passage du protagoniste à
la langue anglaise témoigne de la puissance de
cet idiome, le français demeure néanmoins présent pour l'attaquer de l'intérieur – comme un
corps étranger, comme une cellule cancéreuse :
le minoritaire reste un danger, quoique relatif,
pour le majoritaire. Par certains côtés – et compte
tenu du fait, bien entendu, que c'est un Québécois francophone qui s'exprime en anglais –, on
peut considérer que c'est ici le français qui corrompt l'anglais, qui lui fait subir une amorce
de créolisation assimilable aux linéaments d'une
«joualisation» de l'anglais[5]. Il s'agirait d'un

renversement des conditions historiques de la cohabitation des langues en terre québécoise. (On n'a pas toujours suffisamment signalé, me semble-t-il, le fait que le joual littéraire n'est pas que le simple constat d'une dégradation du français subie passivement, mais aussi un assaut contre l'anglais, une façon de le dégrader, de l'entraîner avec soi dans sa chute – sa carnavalisation, en quelque sorte : voir les exemples de Réjean Ducharme ou de Jacques Ferron.) À l'appui de l'assertion suivant laquelle le français corrompt ici l'anglais, il convient d'ajouter que, lors de la représentation, le comédien qui jouait Gaston Talbot ne tentait pas d'imiter l'accent d'un anglophone, mais disait le texte avec un fort accent français qui, accessoirement, le rendait encore plus accessible à un public très majoritairement francophone[6].

Mais revenons à la perspective principale de la pièce, qui met en scène un transfert linguistique involontaire du français vers l'anglais et plus précisément, on le verra, du silence vers la langue anglaise. Cette dernière, bien que minée par le français, impose en définitive très largement sa domination. Dès le début de la pièce, Gaston Talbot est présenté comme ayant été happé par l'Autre – qui, en contexte québécois, ne saurait être qu'anglo-saxon. Il veut appartenir, «to be in not to be out» (p. 12), «to be right» : car appartenir, c'est être bien, c'est être dans le droit, dans son droit. «To be right», c'est se sentir rattaché au monde (p. 23) sans même bouger de chez soi. Gaston Talbot, dont les premières paroles sont «I travel a lot» (p. 11), admet plus tard qu'il n'a pas voyagé (p. 18), que toute sa vie il est resté à Chicoutimi : du coup, il semble qu'il se soit relié au monde par la langue anglaise, cette langue de l'insertion dans le grand tout. L'un des plus profonds désirs du protagoniste – le seul de cette pièce à un personnage –, c'est de s'ajuster à l'environnement; ce marginal intégral déclare ainsi :

> *It's a question of fitting*
> *I just want to fit with the scenery*
> *[...]*
> *if we share the same vision*
> *we can handle the world* (p. 12)

Par quelles circonstances le passage à l'autre langue est-il justifié dans la fiction? Rappelons d'abord que le transfert linguistique ne relève pas d'une décision de Gaston Talbot; en conséquence, il ne s'agit pas d'une traîtrise, d'une défection, comme c'est le cas dans la littérature québécoise d'une certaine époque. Le passage est plutôt causé par un double traumatisme rejoué à la faveur du rêve. En premier lieu, ce traumatisme est d'ordre sexuel; le jeune Gaston Talbot, dont l'enfance est d'abord assimilée à un «big success» (p. 14) avant d'être réévaluée dans la perspective contraire, avait un ami, Pierre Gagnon, qu'il a désiré, puis assassiné. Comme souvent dans la pièce, les éléments d'information concernant cet événement sont flous : le protagoniste commence par affirmer qu'il était plus jeune que Pierre Gagnon (p. 15), puis il dit être de quatre ans plus âgé que lui (p. 51); il déclare que son ami était un peu stupide (p. 15) avant de se taxer lui-même de stupidité (p. 51); il note que, dans leurs jeux, Pierre jouait l'Indien et lui le cow-boy (p. 16) avant de renverser cette proposition (p. 51); et ainsi de suite. Un élément, toutefois, ne semble pas devoir être remis en cause : «let me say», souligne Gaston Talbot, «that both of us were enough old / to understand all what happened on that specific day[7]» (p. 15). Le traumatisme sexuel est ainsi dévoilé d'emblée, mais également dissimulé, puisque c'est peu avant la conclusion de la pièce qu'on apprend que le protagoniste est nettement plus âgé que Pierre Gagnon (celui-ci avait douze ans, celui-là, seize), assez âgé pour l'avoir très consciemment et très sexuellement désiré; mais, cela dit, le texte insiste dès les premières pages sur «THE NAKED BODY OF PIERRE GAGNON» (p. 17) et sur le bouche-à-bouche que lui aurait prodigué Gaston Talbot avant de lui fracasser le crâne sur les berges de la rivière aux Roches.

Ce traumatisme sexuel, qui est relié à l'*objet* du désir – Pierre Gagnon – comme à sa source – la mère, dont Gaston Talbot, en rêve, joue aussi le rôle et qu'il se figure entre autres en train de l'épingler sur le mur de la cuisine comme le ferait un entomologiste d'une libellule (p. 40) : d'où le *dragonfly* du titre –, ce traumatisme, dis-je, conduit à l'aphasie ou, du moins, à un désir de se taire, peut-être pour éviter l'inculpation :

> *I don't know who came out*
> *specialists who examined me after the accident*
> *declared me aphasic*
> *for years and years*
> *no words came from my mouth*
> *I think I was not*
> *as they said*
> *aphasic*
> *I was simply silent* (p. 56)

La parole renaissante ne peut ensuite être que différente, radicalement, mais aussi familière : c'est le français sous-jacent. Cette parole renaît à l'issue d'un songe qui, en même temps qu'il revient sur la tragédie de l'enfance, assure la transition vers la nouvelle langue.

En second lieu, le traumatisme ressortit à l'expérience de la domination : vers la fin de la pièce, Pierre Gagnon devient tout à coup Pierre Gagnon-Connally, le fils d'une mère francophone et d'un père anglophone, un être hybride mi-français mi-anglais, un enfant supérieurement intelligent («but I was so dumb / and he was so bright», p. 51) qui se met à parler anglais pour imposer sa volonté, une volonté sadique; et Gaston Talbot, qui ne connaît pas cet idiome, entend spontanément la langue du commandement[8]. Pierre Gagnon ordonne donc au protagoniste de se mettre nu – de son point de vue aussi, la situation est sexuellement ambiguë – et de jouer le rôle de son cheval[9]. Ainsi, Gaston Talbot n'est plus même la créature inférieure, l'Indien, par rapport au Blanc idéalement blond aux yeux bleus (c'est la description de Pierre Gagnon), il descend encore plus bas, devient l'animal asservi. Cette animalisation doit sans aucun doute être mise en parallèle avec la représentation du protagoniste en libellule épinglée, en spécimen de collection dûment étiqueté.

Ayant finalement tué son dominateur, Gaston Talbot s'empare de sa langue, l'ingère d'un seul coup (comme d'ailleurs certains peuples s'emparaient des qualités de leur ennemis par des actes de cannibalisme). Mais la langue anglaise, d'abord représentée, de façon euphorique, comme la langue de l'unité, de la communication, de la magie («all together we can do something great / and not only great / we can do MAGIC», p. 12), se voit ravalée, au terme de la pièce, quand l'énigme est enfin révélée, c'est-à-dire lorsque les traumatismes à l'origine du transfert linguistique sont mis au jour, au rang de langue d'oppression : «my mouth was still spitting / all those fucking words / like rotten seeds / [...] / I was speaking in English» (p. 57). Cette phrase, qui clôt *The Dragonfly of Chicoutimi,* comporte une légère particularité syntaxique : on dirait normalement «I was speaking English». En affirmant qu'il parlait «en anglais», Gaston Talbot se trouve à dire qu'il parlait *avec l'aide de* l'anglais, *par le truchement d'un instrument* qui est l'anglais plutôt qu'il ne s'exprimait directement dans cette langue : celle-ci se voit en quelque sorte, à la fin de la pièce, mise à distance, réifiée.

Une mutation identitaire

Paul Lefebvre explique fort bien en quoi consiste la tentation d'abdiquer son identité pour se joindre à l'oppresseur :

> *À l'intérieur de chaque résistant, il y a une petite voix qui le supplie de se fondre enfin à cette puissance qui l'écrase. Quel Québécois n'a pas songé un jour à cesser de parler français pour renaître dans les eaux de la grande mer anglophone? Obéir au mépris de soi que nous a communiqué l'Autre pour enfin se fusionner à lui? Faire partie de l'Autre pour qu'il n'y ait plus jamais d'autres? Haïr la différence?* (p. 78)

Je n'insiste pas davantage là-dessus. Je voudrais seulement revenir sur le fait que le passage du français à l'anglais, pour Gaston Talbot, s'est opéré à la faveur d'un rêve. Ce rêve montre à la fois les masques que porte le protagoniste – ses personnalités d'emprunt : Pierre Gagnon, une figure de Picasso multiple et désarticulée, un fils trop aimé et trop aimant, un enfant brillant, etc. – et la tombée de ces masques. Il se déroule dans l'espace des fantasmes de Gaston Talbot, jusqu'à la mort de son compagnon de jeux, dans une espèce d'apothéose de sexualité («I wake up / totally wet», p. 50). Ce rêve en anglais, à la fois passé et présent, n'est pas la compensation pour un quotidien insatisfaisant, mais la confirmation d'une situation identitaire et culturelle intenable, et son terme est la déréliction.

Un tel rêve n'est pas non plus le signe prémonitoire de quoi que ce soit, avoue ultimement Gaston Talbot :

> *I felt that as a dramatic change*
> *as an alert signal*
> *[...]*
> *total and pure bullshit*
> *why am I a liar like this* (p. 56)

Le songe est le moment où l'inconscient annexé par l'Autre parvient à son expression douloureuse; c'est le passage du dedans vers le dehors – de la colonisation de l'esprit à celle de la parole. Sous ce rapport, la construction de la pièce est très intéressante : celle-ci commence bien sûr *après* la longue période de silence ou d'aphasie, *après* le rêve qui assure le passage vers la nouvelle langue, plusieurs années *après* l'assassinat de Pierre Gagnon, alors que le protagoniste est devenu adulte (le comédien qui jouait la pièce à la création, Jean-Louis Millette, était âgé d'une cinquantaine d'années). Or, c'est à la sortie immédiate du rêve que Gaston Talbot dit cracher tous ces «fucking words» en anglais, si bien que l'euphorie initiale d'une participation à la «grande langue»[10], ne peut être que jouée, ou volontairement ambivalente, comme s'il s'agissait de se convaincre que l'impossibilité de se rejoindre soi-même dans sa langue maternelle ne constitue pas une effroyable mutilation. Le grand flash-back que constitue la pièce mène ainsi, à rebours, vers l'origine insupportable de la mutation linguistique et identitaire. L'anglais du début, une variété de *pep talk* qui permet de déployer le fantasme de participation à l'Amérique anglophone dont parle Paul Lefebvre, n'est, à tout prendre, qu'un leurre supplémentaire.

Devenir l'Autre ne semble possible qu'au prix d'un double meurtre : il faut tuer – en l'occurrence Pierre Gagnon – et être tué – par la mère telle qu'elle est représentée en rêve, redoutable entomologiste épinglant la jeune libellule. Devenir autre, c'est renoncer doublement, à sa langue maternelle, certes, mais également à la sexualité : «Oh Pierre Gagnon», confesse le protagoniste, «I never said / never never said / that your body / was the only one I ever touched» (p. 48). Il est intéressant de constater que la question identitaire se pose ici aux deux niveaux linguistique et sexuel. Il s'agit là, me semble-t-il, d'un fait très répandu dans le théâtre québécois contemporain; Michel Tremblay, sans doute le plus important dramaturge québécois des trente-cinq dernières années, a lui aussi abordé ces deux «fronts» identitaires, en mettant notamment en scène la double aliénation linguistique et sexuelle de la faune de la «Main» – prostitué(e)s, homosexuels, travestis, ratés du spectacle, sous-prolétariat, etc., qui ont le «joual» pour *lingua franca*.

(Il conviendrait de s'interroger sur l'omniprésence, spécialement au théâtre, de la dimension (homo)sexuelle du questionnement identitaire collectif : je me bornerai à suggérer qu'il faut probablement voir là une façon d'affirmer encore l'impression de marginalité fondamentale qui caractérise cette identité en contexte nord-américain; ajoutons que l'introduction de cette dimension (homo)sexuelle a pour effet de rendre encore plus inextricable l'écheveau des multiples composantes contradictoires qui fondent l'identité québécoise.)

Mais Larry Tremblay me paraît aller plus loin que l'autre Tremblay : le «joual» de ce dernier fait place, dans *The Dragonfly of Chicoutimi,* à un hétérolinguisme plus extrême : le préfixe «hétéro-» ne renvoie plus tant au mélange, à l'hétérogène – même si, on l'a vu, le français contamine souterrainement l'anglais –, qu'à une forme d'altérité radicale encore qu'immédiatement lisible. Qu'une telle contamination survienne à Chicoutimi plutôt que dans la très bilingue ville de Montréal constitue du reste un signe éloquent de la sévérité du mal. Dans *The Dragonfly of Chicoutimi,* l'anglais figure bien sûr la langue de la domination, mais aussi celle du désir d'être dominé si c'est le prix à payer pour appartenir à l'Amérique. Or le tribut à verser apparaît, à mesure qu'on avance dans le texte, de plus en plus lourd, de sorte que *The Dragonfly of Chicoutimi* se révèle au total très pessimiste; en terre nord-américaine, malgré la guérilla que mène la culture minoritaire contre la culture anglo-saxonne (j'entends ici la «francisation» de l'anglais), la diversité semble devoir être anéantie : Pierre Gagnon-Connally doit être tué, Gaston Talbot ne doit désormais pouvoir parler qu'en *utilisant* l'anglais. En découplant la culture franco-québécoise de l'idiome qui en est normalement l'expression, Larry Tremblay est conduit à décrire une identité qui ne peut se maintenir que par l'autosuggestion (dérisoire), le mensonge et la contradiction.

Conclusion

Élargissant la perspective, on remarquera pour terminer que le malaise vis-à-vis de l'anglais ne se limite pas aux personnages des seuls textes littéraires et concerne aussi bien les écrivains québécois dans leur ensemble[11], puisque le français, au sein d'un pays bilingue tel que le Canada, ne saurait être parlé ni écrit en faisant abstraction de l'anglais. L'imaginaire de la langue maternelle, au Québec, inclut une nette (sur) conscience de la présence de l'autre langue, qui sert à nommer des réalités souvent transmises en traduction, quand elles ne le sont pas directement en anglais. En clair, la littérature québécoise ne peut être conçue de manière monolingue (Glissant, dans Gauvin, 1992-1993, p. 12), elle doit rendre compte d'un contexte linguistique plus englobant. Avec ses effets de transparence et de bilinguisme unilingue, *The Dragonfly of Chicoutimi* en donne l'illustration éclatante. On y retrouve, pour le dire comme Lise Gauvin, une pure «fiction linguistique», «un langage qui permet à l'écrivain – et par conséquent au lecteur – d'échapper à l'illusion de transparence amenée par les fameux "effets de réel" et de constater que les signes de l'identité et de la différence sont d'abord affaire d'invention et de construction» (2000, p. 122).

En même temps qu'il touche à des questions traditionnelles de la réflexion linguistique au Québec – comment inscrire sa différence dans la langue? comment penser l'identité québécoise en dehors de l'idiome français? comment échapper à l'omniprésence de l'anglais? etc. – Larry Tremblay me paraît formuler, dans *The Dragonfly of Chicoutimi,* des interrogations neuves auxquelles il apporte des esquisses de réponses plutôt sombres : et si – pour paraphraser ce que disait autrefois André Belleau – non seulement nous n'avions pas besoin de parler français, mais n'avions pas davantage besoin du français pour parler? Quelle pourrait alors être notre parole?

NOTES

1. Pensons à la fascination d'un René Derouin pour le Mexique et les pays latino-américains ou encore à l'intérêt des metteurs en scène pour le théâtre allemand depuis 1980, à tel point qu'on a pu parler d'une «Allemagne québécoise» (Simon, 1994, p. 30).

2. Dany Laferrière, écrivain québécois d'origine haïtienne, avouait récemment avoir accompli la démarche exactement inverse dans son premier roman intitulé *Comment faire l'amour avec un nègre sans se fatiguer*; il affirmait avoir écrit un livre en anglais avec des mots français : «Alors qu'il traduisait mon premier roman [...], je fis comprendre à mon traducteur, le romancier David Homel, que ce serait facile puisque le livre était déjà écrit en anglais, seuls les mots étaient français. La manière, en effet, était nord-américaine : un style direct, sans fioritures, où l'émotion est à peine perceptible à l'œil nu» (2001, p. A11).

3. Ces récitérations et ces autocorrections constituent une caractéristique notable d'une pièce qui tend à faire jouer entre eux les divers points de vue : après tout, Chicoutimi, selon qu'on adopte l'une ou l'autre perspective, peut être vu comme l'endroit où la rivière cesse d'être profonde ou comme celui où elle cesse d'être peu profonde.

4. En français standard, on dirait plutôt : «tes lèvres ont le goût des cerises sauvages».

5. Je me permets de citer ici, en quelque sorte en annexe, cette réflexion sur le joual de Jean Larose : «L'idée peut paraître choquante, mais considérons le problème ainsi : qu'est-ce que le joual, sinon la manifestation linguistique de la partie anglaise de

notre identité, laquelle, faute d'avoir été correctement assumée, se dégrade en créole; un héritage qui n'a pas trouvé sa juste place appauvrit la langue, aliène la pensée. [...] Le joual prouve que l'anglais profondément nous travaille, que nous n'avons pas qu'un rapport antagoniste, mais aussi d'ambivalence avec cette langue» (2001, p. B7).

6. Ainsi l'altérité anglo-saxonne se trouvait en partie rapatriée dans l'«identité» francophone.

7. Notons que la forme est incorrecte (elle suit de trop près celle du français). Il faudrait lire : *«that both of us were old enough / to understand all that happened on that specific day».*

8. *«I don't know English / but on that hot sunny day of July / every word which comes / from the mouth of Pierre Gagnon-Connally / is clearly understandable»* (p. 52-53).

9. Pierre Gagnon va jusqu'à le marquer avec une cigarette et à lui faire manger de l'herbe (p. 53-54).

10. Pour dire comme André Brochu (1993).

11. Pour un aperçu un peu plus large, voir Dion (2002).

BIBLIOGRAPHIE

BROCHU, André (1993). *La Grande Langue. Éloge de l'anglais,* Montréal, XYZ Éditeur.

CHANTEFORT, Pierre (1976). «Diglossie au Québec, limites et tendances actuelles», *Langue française,* n° 31, p. 91-104.

DION, Robert (2002). «"Let's talk English here". Les représentations de l'anglais dans *Copies conformes* et *Volkswagen Blues*», dans Barbara BUCHENAU et Annette PAATZ (dir.), *Do the Americas Have a Common Literary History?*, Francfort, Berlin, Berne, Bruxelles, New York, Oxford, Vienne, Peter Lang (coll. «Interamericana»), p. 427-447.

GAUVIN, Lise (1992-1993). «L'imaginaire des langues. Entretien avec Édouard Glissant», *Études françaises*, vol. 28, n°s 2-3, p. 11-22.

— Collectif (2000). *Langagement*, Montréal, Boréal.

GODBOUT, Jacques (1986). *Une histoire américaine*, Paris, Seuil.

GOETSCH, Paul (1987). «Fremdsprachen in der Literatur. Ein typologischer Überblick», dans Paul GOETSCH (dir.), *Dialekte und Fremdsprachen in der Literatur*, Tübingen, Gunter Narr Verlag (coll. «ScriptOralia»), p. 43-68.

GRUTMAN, Rainier (1997). *Des langues qui résonnent. L'hétérolinguisme au XIXe siècle québécois*, Montréal, Fides/CÉTUQ (coll. «Nouvelles Études québécoises»).

LAFERRIÈRE, Dany (2001). «Je suis en Amérique!», *Le Devoir*, 31 mars et 1er avril, p. A1 et p. A11.

LAROSE, Jean (2001). «Le français, patrimoine de la nation», *Le Devoir*, [16 mars] 26 mars, p. B7.

LaRUE, Monique (1989). *Copies conformes*, Montréal/Paris, Lacombe/Denoël.

MARTINET, André (1982). «Bilinguisme et diglossie : appel à une vision dynamique des faits», dans *La Linguistique*, vol. 18, fasc. 1, Paris, PUF, p. 5-16.

POULIN, Jacques (1984). *Volkswagen Blues*, Montréal, Québec Amérique.

ROBIN, Régine ([1983] 1993). *La Québécoite*, Montréal, XYZ Éditeur; «Typo».

SIMON, Sherry (1994). *Le Trafic des langues. Traduction et culture dans la littérature québécoise*, Montréal, Boréal.

CHICOUTIMI, QUI VEUT DIRE...?
Cartographies de la sexuation
dans *The Dragonfly of Chicoutimi*

Robert Schwartzwald

Quand Gaston Talbot, l'unique personnage de *The Dragonfly of Chicoutimi,* s'éveille de son rêve, il se retrouve couché sur le corps nu et humide de son ami Pierre Gagnon-Connally, les lèvres collées aux siennes et les mains lui écrasant la tête sur les pierres de la rivière aux Roches. Le sang qui coule de la tête de Pierre rougit l'eau de la rivière. Pourtant, cette révélation n'est faite qu'à la fin du monologue de Gaston et se trouve, qui plus est, en totale contradiction avec tout ce que nous avions appris sur Pierre depuis le début du récit. À travers ce récit, d'ailleurs, Gaston émerge d'une longue période d'aphasie et de mutisme provoqués par cette scène traumatisante. Quand il ouvre la bouche, ses paroles sortent en anglais, langue qu'il n'a jamais comprise ni parlée avant sa rencontre avec Pierre. Les tentatives de Gaston pour créer un récit, forger une histoire susceptible de le disculper de la série d'événements qui l'ont rendu incapable de parler français, produisent une performance verbale qui séduit le public en différant aussi longtemps que possible la révélation du traumatisme. Au cours du récit des événements «that specific day» (p.15), s'élabore un espace onirique où circulent des symboles en constante mutation, où la terre et l'eau mêmes se combattent pour définir le lieu du drame, où la sexuation problématique ainsi que hautement intertextuelle va renouer avec – et en même temps renouveler – un discours ambivalent sur la nation et le Sujet-Nation dans un Québec contemporain.

Of horse!

Depuis qu'il est sorti de son rêve, Gaston Talbot dit *horse.* Et non seulement dit-il *horse,* mais il se souvient d'avoir été un cheval pour son ami Pierre Gagnon-Connally, dont le père, originaire de Windsor, en Ontario, et pilote de l'air dans l'armée canadienne, avait quitté sa femme et abandonné son fils dans le royaume du Saguenay, région éloignée des grands centres urbains et qui se vante de la «pureté» de son français. C'est d'abord comme à un cheval que son ami Pierre s'est adressé à lui en anglais, ainsi qu'on le constate à la fin de cette scène racontée par Gaston :

> *Pierre Gagnon-Connally catches me*
> *with an invisible lasso*
> *inserts in my mouth an invisible bit*
> *and jumps on my back*
> *he rides me guiding me with his hands on my hair*
> *after a while he gets down from my back*
> *looks at me as he never did before*
> *then he starts to give me orders in English*

I don't know English
but on that hot sunny day of July
every word which comes
from the mouth of Pierre Gagnon-Connally
is clearly understandable

Get rid of your clothes

Yes sir

Faster faster

Pierre Gagnon-Connally
removes from his pocket a cigarette
he lights it smokes it

Get down on your knees
you're a horse
not a man

Yes sir

He approaches me
puts out his cigarette on my thigh

Now you belong to me
you got my mark (p. 52-53).

Dès ses premiers efforts pour «keep in touch» (p. 11), comme il le dit, l'anglais médiocre de Gaston est agréable à entendre, voire plein de charme. Les structures incorrectes lui donnent une force lyrique qui entre en résonance avec «a child with an adult body» (p. 20), que prétend être Gaston. La syntaxe ingénue, les choix lexicologiques fortuits suggèrent un esprit d'aventure hors du commun, qui rend crédible le rêve en anglais comme l'intervention d'un ange, affirme-t-il, un ange lui montrant la voie – «like an angel [...] to show me the way» (p. 19-20) – et l'aide implicitement à réaliser son désir d'être «in not to be out» (p. 12), après des années d'aphasie, de mutisme absolu. Ainsi, dans sa nouvelle langue, Gaston nous raconte-t-il joyeusement le «big success» (p. 14) de son enfance. Il évoque les bois enchanteurs où ses camarades et lui avaient l'habitude de jouer. Il raconte comment, de l'enfant entré dans le bois en est sorti un homme : «a child came into the forest [...] but a man came out» (p. 14). Pierre, son meilleur ami, est «beautiful [...] but a bit dumb» (p. 15). Même si Pierre est un peu plus âgé que Gaston, on nous dit qu'il laisse toujours celui-ci être le cow-boy quand ils jouent ensemble. Ce jour-là – «that specific day» (p. 15) –, souligne Gaston, il pense que Pierre éprouve un sentiment étrange de bonheur vide, pendant qu'il se déshabille et se jette dans l'eau de la rivière où il rit comme un bienheureux : «He looked like [...] a cute and joyful devil» (p. 16). Ces souvenirs joyeux sont interrompus cependant par des prédictions malheureuses : «both of us were enough old / to understand all what happened that specific day» (p. 15), avoue Gaston sans insister davantage. Il sent intuitivement que quelque chose ne va pas malgré les apparences et admet que l'évocation du corps nu de Pierre Gagnon-Connally résonne encore de manière étrange après toutes ces années. Cet instant de clairvoyance dans son propre récit prépare le terrain pour une suite de démentis, qui structure le monologue et conduit à la scène révélatrice. Celle-ci s'annonce à la suite d'un rêve terrifiant qui a été placé dans le récit avant les événements de la rivière aux Roches, même s'il a lieu en réalité plusieurs années plus tard.

Dès lors qu'il admet cette distorsion, Gaston peut avouer que l'anglais n'était pas vraiment pour lui un ange conseiller. Loin de «coming like an angel» – et l'allusion orgasmique ici n'est pas incongrue –, l'anglais se déverse de sa bouche comme une crise diarrhéique, après des années de constipation. Sa bouche, nous dit-il, était «a hole of shit» (p. 57) qui crachait «all those fucking words / like rotten seeds / everywhere in the room / I was not / as they said / aphasic / anymore / I was speaking in English» (p. 57).

Dans ce passage, nous apprenons par Gaston que Pierre Gagnon-Connally avait quatre ans *de moins* que lui. C'était Pierre qui était le plus brillant des deux; en dépit de son jeune âge c'est lui qui savait quoi faire et c'était lui, et non Gaston, qui était le cow-boy. Puis nous apprenons, dans la scène où Pierre décrète que Gaston, après avoir été l'Indien, sera maintenant le cheval, que ce dernier boit l'eau de la rivière et découvre le reflet de son visage brisé dans l'eau : «my broken face / reflected in the water» (p. 55). Il fait un bond en arrière, projetant Pierre sur les rochers de la rivière, et lui écrase la tête dans un excès de panique : «It was not Pierre who laughed» (p. 55), nous dit-il, comme pour suggérer que c'était lui-même qui, cette fois-là, avait ri. La monstruosité de son acte l'a hanté depuis : «but if a boy / dumb but a boy / came in the forest on that day / I don't know who came out» (p. 56), se lamente-t-il. De plaidoyer, le monologue se transforme en confession, et laisse Gaston aux prises avec le sentiment d'être ridicule, pitoyable et laid : «why am I so ridiculous / so pitiful / do I deserve / this ugly face you see» (p. 57).

Il est impossible de déterminer si le souvenir d'avoir passé plus d'une heure à tuer Pierre avec une balle – «I presume that he got his fun / dying from the bullet of the cowboy who I was / that sunny day of July / I killed for more than an hour Pierre Gagnon» (p. 16) –, qui est évoqué dans sa première version des événements près de la rivière, devrait être compris comme une description métaphorique ou bien comme un acte sexuel. Il peut en effet s'agir soit d'une description de la substitution métaphorique de l'acte commis pendant leur jeu, soit d'une description métaphorique de l'acte sexuel même, ou bien d'une pure fantaisie où sont renversés les rôles attribués dans la scène où Gaston, à la demande de Pierre, se transforme en cheval. En revanche, les symboles choisis par Tremblay – le cheval, l'eau, les rochers, la nourriture – entrent en étroite résonance avec l'un des textes fondateurs de la psychanalyse, qui traite du refoulement et du complexe d'Œdipe.

À cause du cheval...

Dans *Analyse d'une phobie chez un garçon de cinq ans,* publié en 1909, Freud raconte l'histoire de Hans, un enfant qui refuse de s'aventurer hors de sa maison, parce qu'il doit passer devant la porte cochère d'un bâtiment des douanes d'où sortent fréquemment des voitures tirées par des chevaux et portant de lourdes charges. Hans a peur de voir tomber les chevaux lorsque leurs chariots surchargés tournent trop vite, état que Freud nommera *hystérie d'angoisse.* Cet état se fonde également sur des sentiments confus, comprenant de l'agressivité et de la haine pour le père. Freud commente :

> *Le cheval avait toujours représenté pour Hans le plaisir de se mouvoir («Je suis un jeune cheval», dit Hans en sautant en tous sens). Mais comme le plaisir de se mouvoir implique la pulsion au coït, le plaisir de se mouvoir est frappé de restrictions par la névrose et le cheval est élevé au rôle d'emblème de la terreur* ([1954]1999, p. 192).

Freud associe donc ce plaisir avec le désir impulsif de s'accoupler et il interprète l'angoisse que nourrit Hans à propos des chevaux comme une projection de l'angoisse de sa propre libido. Cette angoisse a une longue histoire. En effet, on avait interdit à Hans de mettre son doigt dans la bouche des chevaux, avertissement qu'il associait à la menace, faite par sa mère, de lui faire

couper son «fait-pipi» par le médecin s'il conti-
nuait à jouer avec son pénis (p. 132-133).

Freud apprend également que la première
personne qui servait de cheval à Hans avait été
son père. Ce fait est confirmé par le père de Hans
qui raconte le contenu d'une discussion interve-
nue entre lui et son fils :

> *MOI – Tu voudrais donc que je tombe par*
> *terre?*
> *LUI – Oui. Tu devrais être nu (il veut dire :*
> *nu-pieds, comme alors Fritz) et te cogner à*
> *une pierre, et alors du sang coulerait et je*
> *pourrais au moins être un peu seul avec*
> *maman. Quand tu remonterais chez nous,*
> *alors je me sauverais vite loin de maman, afin*
> *que tu ne me voies pas. [...]*
> *MOI – Ainsi tu voudrais être avec maman?*
> *LUI – Oui!* (p. 151).

Notons donc les similarités évidentes entre
les objets et les symboles qu'on voit dans le cas
de Hans et ceux que l'on retrouve dans la pièce
de Larry Tremblay. Ce sont non seulement les
objets et les symboles, mais toute la séquence de
dénégations et de substitutions qui rappellent le
récit mouvant de Hans, qui contient, lui aussi,
des dénégations constantes. Dans l'étude du cas
de Freud, cependant, la thérapie aboutit à une
résolution satisfaisante de l'anxiété du petit garçon. Le désir refoulé de mort qu'éprouvait Hans
pour son père, cause de son angoisse, fut supprimé
grâce au *talking cure*. Selon le souvenir de Freud,
quand «le beau jeune homme» lui a rendu visite

plusieurs années plus tard, à l'âge de dix-neuf ans, voici ce qu'il racontait à son ancien analyste : «ce n'est qu'en arrivant au voyage à Gmunden», peu avant, «que s'éveilla [en lui] une très faible lueur de souvenir : ce pourrait bien être de lui qu'il s'agissait là. Ainsi l'analyse n'avait pas préservé l'avènement de l'amnésie, mais en était devenue elle-même la proie» (p. 198). Autrement dit, assure-t-on au lecteur, grâce à la suppression de l'obstacle, le trajet œdipien de Hans l'avait conduit à devenir ce jeune homme bien intégré et apte à la vie de famille.

Or, tel n'est point le cas dans *The Dragonfly of Chicoutimi*. Loin d'en arriver à un pareil dénouement thérapeutique, ce n'est qu'au moment du récit que Gaston parvient à revenir au traumatisme refoulé de son enfance. Celui-ci n'est accessible que par l'intermédiaire d'un rêve évoquant une scène terrible avec sa mère, dans lequel Pierre fait des apparitions épisodiques témoignant d'une méprise dramatique. Là, la jalousie de Gaston et l'exigence d'avoir tout l'amour de sa mère rappellent l'ambivalence du petit Hans entre la peur et le désir de voir tomber le cheval, traduite par Freud comme une métaphore de la fausse couche : en effet, la mère de Gaston a ses cheveux attachés par une queue de cheval et le regarde d'un air impassible avec ses grands yeux marrons. Et quand sa mère parle enfin, c'est le désastre pour Gaston : «You're not my beloved son» (p. 39), gémit-elle en lui courant après avec un couteau, «the knife of motherhood» (p. 34), avec lequel, nous dit Gaston, elle a divisé en parties égales son amour pour ses enfants. Elle ira jusqu'à méprendre son fils pour Pierre Gagnon[1] – «Who are you / you're not my beloved son [...] and what this fucking blond hair / is doing in my kitchen» (p. 39) – et à vouloir l'anéantir; en d'autres termes, dans son rêve, Gaston donne à sa mère la tâche d'anéantir l'objet du désir de son fils.

«Are you nuts / cut the cake / don't cut me» (p. 40), hurle Gaston tandis que sa mère lance le couteau dans sa direction. Ce rêve à son tour provoque un souvenir d'enfance dans lequel il est question de toucher une énorme libellule montrée par son oncle. Bien qu'il soit piqué par l'épingle sur laquelle est déposé le spécimen, Gaston se souvient pendant des années avoir été «mordu» par la libellule, de la même manière que Hans, prévenu d'éviter de se faire mordre le doigt par le cheval, avait associé cela à ses propres désirs libidineux. En fait, Gaston devient lui-même la libellule; ainsi son masque humain tombe-t-il, une fois que sa mère se rend et l'embrasse, et Gaston peut alors la dévorer : «I opened up my big jaws / and I ate ate ate / the body of mum / [...] excited by this incestuous meal» (p. 47)[2].

En se penchant sur ce symbole de la libellule, Jean-Cléo Godin (1996) souligne que c'est au féminin que le mâle et la femelle de l'espèce sont désignés en français. Cependant, comme il le démontre, en employant *dragonfly,* Gaston est très conscient des genres, puisqu'il utilise l'article neutre *it* pour marquer l'usage féminin en français, faisant ainsi un accroc à la règle selon laquelle le neutre en français se met généralement au masculin. Dans le monologue de Gaston, c'est le masculin qui est marqué : le pronom *he* est utilisé pour désigner la libellule quand celle-ci est agressive ou prédatrice. Pour Godin, l'emploi masculin, dans le cas de la libellule, traduit le désir de Gaston pour Pierre, tandis que l'emploi féminin connote sa propre peur d'être féminisé, castré : «[s]ont reliées ici les figures de la mère et du garçon désiré, dans un rêve d'envol voué à la chute» (1996, p. 93).

Pour Godin la structure du monologue n'est pas le signe de la levée progressive du refoulement, qui pourrait conduire à la vérité du texte, mais il s'agit plutôt d'un «non-récit», dans lequel nous ne saurons jamais ce qui est arrivé entre Gaston et Pierre. Bien que Godin admette que la grammaire anglaise de Gaston, particulièrement déficiente à ce moment du récit «semble suggérer une faute», il hésite à interpréter la faute refoulée comme la culpabilité ressentie par Gaston face à son crime. Godin préfère parler des «*deux versions* du récit, où *alternativement* Pierre et Gaston jouent le rôle du cheval et du cavalier, du cow-boy et de l'Indien, du dominant et du dominé» (1996, p. 94 – je souligne). Selon Godin, ce que Gaston et sa mère d'une part, et Gaston et Pierre d'autre part ont en commun, c'est que chacune des deux relations est celle d'un «couple réversible», ce qui conduit le chercheur à affirmer que Gaston et Pierre ne sont en fait que les deux versions d'une même personne : comme Gaston dans son rêve, Pierre est «épinglé» à la région du Saguenay-Lac-Saint-Jean à la suite de la fuite de son père; destinés à se comprendre, les deux garçons se trouvent être deux libellules clouées au mur.

La connotation de sodomie présente dans cette scène, l'empalement possessif permanent qui est suggéré ici, est délaissé par Godin qui préfère se tourner vers «cette relation complexe et obscure entre le moi et le moi-étranger que dit ce texte anglais pensé en français» (1996, p. 94). Cependant, comme nous l'avons vu, il n'y a pas que deux versions d'une même histoire, mais *une série* fort mobile de démentis qui indiquent une *résistance* de la part du narrateur. Gaston résistera à la révélation de la nature sado-masochiste de la scène entre lui et Pierre, *et* au fait qu'il n'a jamais su assumer cette relation de manière ludique, puisqu'il symbolisait et témoignait aussi, dans la réalité, d'un rapport de pouvoir inégal.

Retournons encore une fois au cas de Hans afin de bien saisir la dimension linguistique de cette résistance : alors que le petit Hans souhaitait inconsciemment que son père serait tué par une pierre pour avoir toute la place auprès de sa mère, Gaston écrase contre les pierres de la rivière la tête de Pierre, Pierre qui, avec son parler anglais, incarne le père, Pierre pour qui l'anglais occupe un rôle dominant par rapport au français maternel. Pour Gaston, l'anglais qu'il comprend et auquel il se soumet n'est assimilé que de manière imparfaite, encore structuré comme la langue maternelle archaïque : on pourrait dire qu'il représente pour lui la langue d'un *beau-père,* donc d'un «faux père». En l'absence du père réel, la mère effacée de Gaston devient une mère phallique qui donne à son fils la tentation de la dévorer pour mieux se retourner contre lui : «my lips are cherries / my white skin is bread / my heart is a chocolate cake» (p. 33). C'est exactement ce qu'il fait quand il se métamorphose en libellule.

Chicoutimi, qui veut dire...

La transformation et la mobilité de tous les symboles que nous avons évoqués jusqu'ici dans le récit de Gaston trouvent leur expression la plus évidente dans un discours profondément ambivalent sur la notion de lieu. Tout comme le récit des événements «that specific day» (p. 15) avec Pierre Gagnon, le lieu trouve son interprétation dans une série de dénégations prenant appui sur des définitions contradictoires de «Chicoutimi», la ville où habite Gaston[3]. La première définition, «up to where the water is deep» (p. 13), entre en effet en contradiction avec la seconde, «up to where the water is shallow» (p. 18); mais dans les deux cas, et jusqu'au moment où Gaston dévorera sa mère en rêve, «Chicoutimi» représentera tour à tour une frontière et une zone limitrophe, «*up to* where the ships can go» (p. 24) et «where the city *stops or starts*» (p. 28 – je souligne). C'est seulement en survolant ce lieu que, pour la première fois de sa vie, la vue de sa ville natale le rendra heureux : «for the first time of his life / the site of his native place / made him happy» (p. 49). Quoique passager (peu après, Gaston la libellule tombera dans la rivière aux Roches), ce bonheur nie totalement les affirmations en elles-mêmes contradictoires que Gaston avait déjà énoncées sur sa ville : «Chicoutimi as a town is ugly / as every American town / and this ugliness is very interesting» (p. 13); «there is nothing interesting to say about this area / we are not responsible of the place where we are born» (p. 21).

Chicoutimi, dans le texte de Tremblay, trouve profit à être analysé à la lumière d'une étude faite dans la mouvance de la théorie postcoloniale, étude qui met l'accent sur l'important changement, survenu au milieu du XVIIIᵉ siècle, concernant les techniques de cartographie. Dans *Imperial Eyes: Travel Writing and Transculturation* (1992), Marie Louise Pratt insiste sur l'importance du développement de l'exploration intérieure venant supplanter le paradigme maritime de navigation, qui a prédominé dans l'exploration coloniale pendant trois cents ans. Ce projet apparaît en même temps que la publication du *Système de la Nature,* de Linné, en 1735, caractérisé par Pratt comme «un système descriptif destiné à classer toutes les plantes sur la Terre, connues et inconnues, selon les caractéristiques de leurs organes reproducteurs[4]» (1992, p. 24). Pratt continue: «avec l'élaboration du projet de classification globale [...] l'observation et l'inventaire de la nature elle-même devinrent racontables. Cela pourrait constituer une série d'événements, ou même une intrigue[5]» (p. 27-28).

Comme le souligne Pratt, les projets d'exploration précédents avaient impliqué la navigation autour du globe pour cartographier les contours du monde. Le nouveau projet, l'exploration intérieure proposée par l'histoire naturelle,«ne délimite pas le tracé des routes empruntées ni *celui des zones où la terre et l'eau se rencontrent* (je souligne), mais le contenu intérieur des terres et des territoires aquatiques dont l'étendue a créé la surface de la planète[6]» (p. 30). Pratt nous rappelle d'ailleurs que Michel Foucault considérait les projets de classification du XVIIIᵉ siècle comme «une science générale de l'ordre» dont le but était «d'apporter le langage aussi près que possible du regard observateur, et les choses observées aussi près que possible des mots» (p. 28). L'objectif à atteindre était d'en arriver à «une description claire et délimitée d'un phénomène donné[7]» (p. 28).

Imaginons un instant Chicoutimi et la rivière aux Roches, loin à l'intérieur des terres du Québec et loin de la route maritime principale, le Saint-Laurent. C'est dans cette zone interne de contact que Gaston rencontre Pierre, cet Autre hybride, qui est le produit d'une fécondation entre les deux «peuples fondateurs» du Canada et des relations historiques de domination et de subordination entre ces deux peuples. C'est dans ce contexte que lui et Pierre, épinglés comme des libellules dans le souvenir du rêve de Gaston, prennent la forme de spécimens naturels.

Or, le principe d'ordre évoqué par cette pratique de classification est miné quand la libellule s'envole. Dans le monologue de Gaston, l'incapacité à faire une description claire et délimitée, et l'aspect répétitif bien que mobile de son discours, suggèrent combien effrayante serait l'imposition de l'ordre, puisque le véritable œil qui observe la scène est celui de Pierre, quand il ordonne à Gaston de faire le cheval, puis le monte – quand il le dresse à l'anglais. Lorsque Gaston essaie de reporter cette capture, il la raconte à travers son anglais boiteux, contrairement à l'anglais qu'il se rappelle avoir parlé dans son rêve, «a pure and understandable English» (p. 25). Dans son état conscient et post-aphasique, sa nouvelle identité anglophone s'avère plutôt monstrueuse, puisqu'elle se présente comme une version inversée et ratée de l'identité triomphante de Pierre.

L'insistance répétitive de Gaston sur la signification de «Chicoutimi» doit être interprétée comme un symptôme de résistance psychologique. Selon l'analyse faite ici, Gaston tient à une cartographie *de navigation* comme stratégie de récit, afin de prendre possession de l'histoire, de se l'approprier et de nous convaincre de sa véracité. Sa redéfinition constante des frontières laisse deviner les multiples angoisses de Gaston à propos de l'autorité de Pierre en tant que sujet bilingue et de double nationalité, à propos des frontières entre lui et Pierre, et à propos de l'intégrité de son propre moi qui s'érode, alors qu'il incorpore Pierre en parlant sa langue après l'avoir tué. En fait, Gaston est obsédé par les limites entre la terre et l'eau («the lines where land and water meet»), c'est-à-dire les délimitations qui sont précisément identifiées par Pratt comme l'objet d'une cartographie de navigation.

Par contre, une cartographie *de surface,* grâce à laquelle une couche terrestre aurait pu être clairement établie, est vouée à l'échec dans le rêve de Gaston. La libellule s'écrase sur le sol. Ainsi, le rêve se résout-il de lui-même à travers la résistance de Gaston à établir la vérité ultime, qui se révélera très amère. Cette vérité qui souhaite s'imposer d'elle-même est une vérité sexuelle, enfouie au cœur du paysage psychique. Ce sont les contours rudes et rocailleux de la rivière aux Roches qui dépeignent la topographie de son paysage intérieur, rivière dont le nom suggère déjà une confusion chaotique des éléments de la terre et de l'eau, plutôt que leur séparation distincte. Ce paysage intérieur serait en opposition profonde avec la volonté de Gaston de nous présenter une performance sans faute au cours de ses efforts pour garder le contact, «to keep in touch» (p. 11).

L'espace théâtral et son public

La performance est, rappelons-le, un monologue *in English* qui est rempli de pièges, reconduisant Gaston, malgré sa résistance acharnée, à son traumatisme d'origine en même temps qu'il reconduit le public... où, exactement? Cette question est essentielle dans *The Dragonfly of Chicoutimi,* puisque la position du public est finalement assez similaire à celle de Gaston; après tout, il est venu voir une pièce écrite en français mais qui utilise des mots anglais, ce que d'une certaine manière il comprend. Je dis *d'une certaine manière,* non parce que je voudrais suggérer qu'il est surprenant pour le public de pouvoir comprendre l'anglais – ce qui serait absurde –

mais parce qu'il n'est pas *supposé* le comprendre à l'intérieur des conventions de cette performance théâtrale. Une pièce écrite par un dramaturge nommé Tremblay, représentée au Théâtre d'Aujourd'hui, haut lieu montréalais qui accueille des œuvres récentes québécoises d'expression française, et publiée par l'éditeur de langue française Les Herbes rouges, n'est pas supposée être davantage en anglais que le rêve de Gaston. Ainsi, lorsque le public *comprend,* au vrai sens du terme, il se retrouve dans la position du rêveur et doit alors interpréter le monologue de Gaston comme son propre rêve... ou son propre cauchemar. Cette situation nous rappelle la promesse séduisante faite par Gaston au début du monologue : «if we feel the same thing all together / we create a magic moment» (p. 12); en fait ces mots pleins d'espoir peuvent après coup être appréhendés dans toute leur dimension prémonitoire et ironique. Ils annoncent la complicité du public avec Gaston, une complicité de *situation* qui permettra à Gaston d'échapper à la condamnation du public, en dépit de la nature confessionnelle du monologue[8].

L'identification du public avec Gaston n'est pas due à l'utilisation du français populaire, mais plutôt à la capacité partagée à comprendre un anglais structuré par une syntaxe et une grammaire françaises. Dans sa postface à la pièce, Paul Lefebvre tente de cerner cette question en s'appuyant sur l'universel. Considérant la pièce comme une réponse à l'hégémonie globale et sans précédent de la langue anglaise, il pose la question suivante : «Fallait-il s'appeler Larry Tremblay et porter dans son nom les deux langues pour écrire un tel texte, comme si *Larry* donnait des mots au silence de *Tremblay*? Fallait-il être né au Saguenay?» Et il répond à cela : «Cela a pu faire naître le texte plus vite. Mais tôt ou tard, on l'aurait écrit ailleurs, à Athènes ou à Düsseldorf ou Dieu sait où» (p. 80).

Cependant, il y a une différence importante entre parler anglais à Amsterdam, ou Düsseldorf, et parler anglais au Québec. Dans les deux premiers cas, les propos quelque peu mélancoliques d'Alain Finkielkraut saisissent bien la douceur amère du rôle universel de l'anglais comme *lingua franca* :

> Si j'avais une vie supplémentaire et, qui sait, un peu de temps, j'aimerais apprendre l'allemand, qui me manque beaucoup, et l'italien, qui est une langue très belle. Je parle uniquement le français et l'anglais. Or, dans la mesure où vous parlez anglais, vous pouvez parler avec tout le monde. Alors pourquoi apprendre d'autres langues? Et en même temps, c'est la grande tristesse européenne : quand je rencontre un Italien, nous parlons anglais (1997, p. 51).

Or, dans *The Dragonfly of Chicoutimi*, Gaston comprend tout d'abord l'anglais non en tant que citoyen du monde, mais à la manière d'un cheval aveugle et marqué. En fait, le meurtre commis par Gaston-le-cheval a de fortes résonances intertextuelles dans la littérature québécoise. Il fait écho, par exemple, à la vengeance exercée par le cheval Percival, libéré par le jeune François dans *Le Torrent* (1950), œuvre charnière d'Anne Hébert. Afin d'expier le péché d'avoir donné naissance à un fils naturel, la mère de François est déterminée à le «dompter» comme un cheval sauvage. Perceval incarne la rage de François en détruisant la mère tyrannique, par qui ce dernier avait été rendu sourd lorsqu'elle l'avait frappé à la tête avec un trousseau de clés, un jour où il ne voulait pas obéir. François est alors condamné à vivre avec un bruit continuel de torrent dans le crâne. La surdité de François et l'aphasie de Gaston s'apparentent : «my body is a total ruin / but the river rivière aux Roches still flows in my veins / look / I put my hand near my ear / and hear the clear sound of the river / rolling on the rocks» (p. 17). Cependant, à la différence du *Torrent,* le cheval de *The Dragonfly of Chicoutimi* a des connotations spécifiquement homoérotiques qui font rapprocher la pièce des antécédents dramatiques en dehors de la littérature québécoise.

Dans le roman *The Wars* (1977), de l'écrivain canadien Timothy Findley, les chevaux sont indissociables du principal personnage, Robert Ross. Ross regarde, à travers le trou de la serrure, deux hommes impliqués dans une scène sadomasochiste où l'un est «monté» et battu par l'autre sur les cuisses. Voici un écho frappant de la scène où Pierre «monte» Gaston et lui brûle les cuisses avec une cigarette, écho amplifié par la ressemblance entre la réaction de panique de Robert Ross quand il voit un aspect de son désir par le trou de la serrure et celle de Gaston quand il voit son reflet dans l'eau de la rivière.

Dans *Equus* de Peter Shaffer (1973), un adolescent prénommé Alan est envoyé chez un psychanalyste à la suite d'une crise où il a crevé les yeux de tous les chevaux d'une écurie. La plupart des interprétations s'accordent sur le fait suivant : pour Alan, le regard fixe des chevaux est associé à l'autorité rébarbative de son père. Le garçon cherche donc à échapper à la surveillance paternelle en leur crevant les yeux. Mais nous apprenons également l'attirance d'Alan pour le jockey de Nugget, et cela se trouve à retourner l'acte contre Alan lui-même, selon Jeffrey Berman (1979), en le transformant en un acte d'autocastration, en une fuite de son propre désir. N'y a-t-il pas une réaction analogue de la part de Gaston, qui panique à la vue de son propre reflet dans la rivière, quand il se voit comme un cheval soumis à Pierre?

Si nous faisons le constat que le choix symbolique du cheval n'est donc innocent ni en termes psychanalytiques ni en termes intertextuels, il y a tout de même une autre raison pour laquelle le cheval est le symbole le plus riche de la pièce, et cela malgré son *dragonfly* éponyme mais condamné. C'est le cheval qui permet le cumul et l'imbrication des significations de la queue et de la langue, pour ainsi dire, car, au Québec, un cheval n'est-il pas un *joual*? Autrement dit, c'est un cheval *national* qui se soumet au personnage bilingue de Pierre Gagnon-Connally et qui se réveille en parlant anglais.

Gaston Talbot et la hantise du bicéphalisme*; ou Gaston Miron, revu et mis à jour?*

Au cours d'un entretien publié dans la revue *Maintenant*, en 1973, sous le titre «Décoloniser la langue», Gaston Miron s'impatiente, voire s'exaspère en répondant à la question inévitable sur le statut du joual :

> *Il y a beaucoup de confusion autour de ce terme. Pour le moment, le problème [...] n'est pas entre les dialectes québécois. Il se situe entre la langue québécoise commune et l'anglais [...]* Of horse! *Politiquement, situer le problème entre nous, poser l'alternative suivante : faut-il dire cheval ou joual, c'est une opération de diversion pour le moment, pendant qu'on se pogne là-dessus, le mot* horse *dans la communication bicéphale* canadian *se répand partout. L'alternative juste est la suivante : faut-il dire* horse *ou tous les autres : cheval, joual, ouéoual, etc. sinon à longue échéance, on risque de dire ni l'un ni l'autre* (1973, p. 14).

Le bilinguisme de Pierre rappelle cette «communication bicéphale *canadian*», dans laquelle «le mot *horse* se répand partout». L'anglais que parle Gaston représente un langage hybride, qui possède le statut de français corrompu déploré par Miron, mais *de façon inversée.* Miron se plaignait que la structure de l'anglais était en train de glisser dans le français québécois et que les Québécois étaient maintenant encerclés par un français textuel qui ne pouvait être compris que comme une traduction littérale de l'anglais. Dans *The Dragonfly,* c'est la structure syntaxique du français qui corrompt l'anglais de Gaston, comme pour suggérer une structure profonde qui ne peut être effacée – ou rêvée de l'être – par un nouveau lexique[9]. Cette structure originelle est la trace qui rattache Gaston à son passé, donc aux événements traumatisants qui ont provoqué son aphasie.

La confession à la fin du monologue n'est pas un remède à l'échec de Gaston, qui veut être «in, not out». Au contraire, Gaston quitte la scène bien installé dans sa crise interminable, insoluble – il chante *J'attendrai*! (p. 57). Lefebvre a eu beau choisir de voir Gaston comme un champion de la résistance qui avait succombé à «sa petite voix» (p. 78) intérieure, comme il l'appelle, mais n'est-ce pas son incapacité à se rebeller ou à s'adapter, qui constitue sa spécificité, spécificité trouvant des résonances historiques? Ne rappelle-t-il pas plutôt un discours sur le *non-lieu* de l'identité qu'évoque Tremblay dans l'entretien qu'il a donné à *Théâtre Québec*? :

«L'être québécois possède en lui une profonde crevasse, une faille. Cette faille est un moteur extrêmement riche pour la création, alors qu'elle est un obstacle pour l'être social et politique[10]» (Lesage 1998, p. 14).

Qui plus est, même si Gaston a été prodigieusement créatif durant son monologue, ses tentatives pour développer une intimité avec le public, bien qu'amusantes, se basent sur une forme de mauvaise foi. Même si la structure de la dénégation répétée devrait exiger du public la plus grande distanciation, la plus rigoureuse probité, la dynamique du monologue invite le spectateur à céder au charisme de Gaston et à lui montrer la sympathie qu'il recherche. Enfin, Larry Tremblay permet à Gaston de quitter la scène en chantant, et cela malgré la dernière version bouleversante des événements de «that specific day» qu'il vient de raconter à son public. Cet *exit* rappelle l'aménité enfantine que manifestait Gaston au début de la pièce. En bouclant la boucle, il invite son public à le suivre de nouveau dans le refoulement, montrant ainsi la voie au *happy end* fantasmé d'un public profondément *compromis* par cette pièce en anglais dans un théâtre français.

NOTES

1. Ce n'est que vers la fin de la pièce, à la page 51, juste avant qu'il ne raconte la scène traumatisante du «cheval», que Gaston révèle le nom de famille composite de Pierre (Gagnon-*Connally*) à son

public. Avant cet épisode où Pierre va s'adresser à Gaston en anglais, son nom de famille est Gagnon tout court.

2. Cela rappelle bien sûr *Totem et tabou* (1912-1913), dans lequel le meurtre et l'inceste, «les deux désirs refoulés du complexe d'Œdipe» (1993, p. 292), sont sublimés à travers un repas totémique, un festin qui adoucit le remords et la culpabilité pendant que l'on se libère du poids de la mort du père, «[l]'adversaire redouté des intérêts sexuels de l'enfant» (1993, p. 272).

3. Jane Moss (1995, p. 263) a déjà signalé cette série de «traductions» divergentes du mot amérindien «Chicoutimi». Elle y trouve un exemple plutôt *«benign and ironic»* de la manière dont *«translation facilitates lying»*. Nous croyons que ces définitions mobiles du nom de la ville natale de Gaston signalent des refoulements bien plus graves et pas du tout anodins.

4. *«A descriptive system designed to classify all the plants on earth, known and unknown, according to the characteristics of their reproductive parts.»* La traduction française de Pratt est de Géraldine Vatan, à qui je tiens aussi à exprimer ma sincère gratitude pour avoir traduit une première version de mon article.

5. *«With the founding of the global classificatory project [...] the observing and cataloguing of nature itself becomes narratable. It could constitute a sequence of events, or even produce a plot.»*

6. *«Maps out not the thin track of a route taken nor the lines where the land and water meet, but the internal "contents" of those land and water masses whose spread made up the surface of the planet.»*

7. «*To bring language as close as possible to the observing gaze, and the things observed as close as possible to words [for] a clear and finite description of a given phenomenon.*»

8. Comme le note Jane Moss, la tendance dans le théâtre québécois des années 1980 et 1990 était de remplacer le dialogue et l'action «*by monologue and narration in plays that also reject the use of linear plot development and dramatic suspense. Often, the spectator is obliged to discover the source of dramatic conflict, to piece together the plot puzzle from fragments revealed by characters in juxtaposed monologues*» (1995, p. 251-252). Dans la pièce de Larry Tremblay on pourrait même voir une mise en œuvre fort radicale de cette tendance, car les monologues juxtaposés émanent tous de la bouche d'un seul personnage qui se contredit constamment.

9. On peut comprendre toute la mesure de cette inversion si on se réfère aux propos tenus par Tremblay lors de son interview dans *Théâtre Québec* en 1998 : «Lorsque j'ai écrit cette pièce, j'étais en pleine réflexion politique sur l'avenir du français, cependant je ne voulais pas que ce soit un pamphlet mais une pièce de théâtre. Au moment de l'écrire, les premières phrases me sont venues en anglais, toutefois, il s'agissait d'un anglais trafiqué, *calqué sur la structure du français*» (je souligne) (p. 15).

10. Dans une entrevue, en 1992, Larry Tremblay a recours au même vocabulaire pour parler de Martha, unique personnage de sa pièce *Leçon d'anatomie* (1992) : «Or Martha doit vivre avec les contingences sociopolitiques d'une Québécoise, ce qui l'oblige à assumer une fêlure, une faille qui en fait est celle de l'être québécois» (Bourgoyne, 1992, p. 9).

BIBLIOGRAPHIE

BERMAN, Jeffrey (1979). «*Equus* : after such little forgiveness, what knowledge?», *The Psychoanalytic Review*, vol. 66, n° 3 (automne), p. 407-422.

BOURGOYNE, Linda (1992). «Les mots... sous la surface de la peau : entretien avec Larry Tremblay», *Cahiers de théâtre Jeu,* n° 65, p. 8-12.

FINDLEY, Timothy ([1977] 1978). *The Wars*, New York, Penguin Books.

FINKIELKRAUT, Alain (1997). «Alain Finkielkraut», dans Marcos ANCELOVICI et Francis DUPUIS-DÉRI (dir.), *L'Archipel identitaire. Recueil d'entretiens sur l'identité culturelle,* préface de Georges Leroux, Montréal, Boréal, p. 36-51.

FREUD, Sigmund (1993). *Totem et tabou. Quelques concordances entre la vie psychique des sauvages et celle des névroses,* traduit de l'allemand par Marielène Weber, préface de François Gantheret. Paris, Gallimard. [*Totem und Tabu: über einige Übereinstimmmungen in Seelenleben der Wilden und der Neurotiker*, 1912-1913.]

FREUD, Sigmund ([1954], 1999). «Analyse d'une phobie chez un petit garçon de cinq ans (Le petit Hans)», traduit par Marie Bonaparte et Rudolph M. Lowenstein, dans S. FREUD, *Cinq psychanalyses,* Paris, PUF, p. 93-198. ["Analyse der Phobie eines fünfjährigen Knaben", 1909. L'Épilogue est paru pour la première fois en 1922.]

GODIN, Jean-Cléo (1996). «Qu'est-ce qu'un *Dragonfly?*», *Cahiers de théâtre Jeu,* n° 78, p. 90-95.

HÉBERT, Anne ([1950] 1965). *Le Torrent,* Montréal, HMH.

LESAGE, Marie-Christine (1998). «Entrevue avec Larry Tremblay», *Théâtre Québec* (Bulletin d'information sur l'activité théâtrale au Québec), p. 14-16.

MIRON, Gaston (1973). «Décoloniser la langue», *Maintenant,* n° 125 (avril), p. 12-14.

MOSS, Jane (1995). «Larry Tremblay and the drama of language», *The American Review of Canadian Studies* (été et automne), p. 251-267.

PRATT, Marie Louise (1992). *Imperial Eyes : Travel Writing and Transculturation*, London and New York, Routledge.

SHAFFER, Peter ([1973] 1974). *Equus,* New York, Penguin Books.

TREMBLAY, Larry (1992). *Leçon d'anatomie,* Montréal, Éditions Laterna magica.

UNE INTERPRÉTATION
MICROPSYCHANALYTIQUE

Chiara Lespérance

Le présent article a pour objet de commenter la pièce *The Dragonfly of Chicoutimi*, de Larry Tremblay, en utilisant un code particulier, celui de la micropsychanalyse[1], méthode d'investigation du psychisme caractérisée par l'étude du microdétail. On peut voir, dans le monologue de Gaston Talbot, une analogie de la séance d'analyse. L'analysé, ici le personnage, associe librement ses pensées et ses émotions, écouté et soutenu par l'attention neutre de l'analyste, ici le spectateur dans son fauteuil. Cette pièce, où chaque mot est surdéterminé, continue à me parler. À travers des images à la fois simples et fortes, l'auteur rejoint intuitivement nos vécus inconscients, et je ne suis pas étonnée des émotions que cette pièce a suscitées. J'ai donc entrepris de travailler ce texte un peu comme on travaille sur un rêve pendant une séance d'analyse : un rêve est là pour nous indiquer le chemin.

Un homme s'enferme, de longues années, dans un mutisme sans faille. Un matin, à la sortie d'un cauchemar, il retrouve la parole. Or, pour ce francophone, le rêve libérateur s'est manifesté en anglais. Seul sur la scène, Gaston Talbot entreprend un monologue à travers lequel il essaie de reconstruire sa propre image et de trouver un contact avec la réalité extérieure.

Cette pièce de théâtre, présentée à Rome le 10 février 1997, et admirablement jouée par Jean-Louis Millette, je l'ai écoutée en y projetant ma propre expérience micropsychanalytique au-delà des réflexions politiques qu'elle a tendance à susciter au Québec. Le souvenir d'un long voyage vers Chicoutimi, et de là toujours plus au Nord, m'a poussée à écrire ces lignes, «to keep in touch[2]», comme le répète plusieurs fois Gaston Talbot. Il faut avoir parcouru ces grands espaces de forêts, de lacs et de rivières pour connaître l'attraction et le désir de fusion qu'ils suscitent, en même temps que la répulsion et le besoin de revenir en des lieux habités, pour apprécier le personnage si attachant que Tremblay a créé.

J'ai lu l'œuvre du dramaturge québécois comme une représentation de l'identification à l'agresseur, qui se manifeste par l'appropriation, de la part d'un francophone, de la langue de ceux qui détiennent le pouvoir : l'anglais. Cette identification par le biais de la langue permet le déplacement d'une situation de faiblesse à une situation de force, déplacement évoqué dans la puissance du mot *dragonfly,* en contraste avec la délicatesse et la légèreté du même mot en français : «libellule». En s'appropriant un élément de la puissance de l'agresseur, on acquiert sa force.

Le rêve de Gaston Talbot fait toutefois pénétrer dans une dimension bien plus profonde par rapport à ce que l'on entend généralement par identification à l'agresseur (Laplanche et Pontalis, 1984, p. 190). En effet, j'y ai perçu une symbolisation de la guerre utérine et du stade initiatique[3]. Le rêve, grâce à sa matrice intra-utérine, devient le médiateur entre le vécu traumatique de la mort de l'ami Pierre, survenue à l'adolescence, et le rapport conflictuel avec la mère à un stade très précoce. Ainsi le rêve permettra au protagoniste de sortir d'un silence psychotique et de se réconcilier avec lui-même.

La langue de la pièce est d'ailleurs bien proche du type de langage qui apparaît dans une séance d'analyse. Le passage d'une langue à une autre, qui redonne la parole à Gaston, pourrait être une métaphore de la transformation qui s'opère pendant une séance, lorsque les mots prennent d'autres intonations, que les phrases s'appauvrissent, se contredisent, perdent leur ponctuation, fluctuent, restent parfois en suspens, un peu comme l'anglais à la fois pauvre et poétique de Gaston, qui lui permet enfin de dire sa vérité, de la dire grâce à un nouveau contexte, représenté par ce rêve en anglais. D'autre part, la mise en scène reproduit presque un cabinet d'analyste : une pièce dépouillée, au centre de laquelle est placé un fauteuil et, sur le côté gauche, une table avec un miroir et une chaise.

Identification à l'agresseur

Au début de la pièce, Gaston Talbot parle de lui, raconte sa vie d'une manière idyllique, il fait preuve de ses bons sentiments, de son désir :

> *really what I'm looking for in life*
> *is to keep in touch* (p. 11).

Il décrit son enfance comme «a big success» (p. 14). Il reprend son récit, et l'image de l'ami Pierre surgit dans sa mémoire, leurs jeux au bord de la rivière aux Roches, près de la forêt, un jour de juillet. Mais à partir de ces souvenirs de jeunesse, il revient rapidement au moment présent, à ses cheveux blancs, à son corps d'aujourd'hui :

> *my body is a total ruin*
> *but the river rivière aux Roches still flows in*
> *   my veins*
> *[...]*
> *I hear inside my body*
> *not the water*
> *but the rocks of the river rivière aux Roches*
> *[...]*
> *as you can observe*
> *my body is full of surprises full full full*
> (p. 17-18).

Voilà un premier aveu : son corps (ou serait-ce plutôt son esprit?) est plein de surprises. Déjà tout change de sens. L'affirmation d'avoir beaucoup voyagé est démentie; son enfance n'a pas été un succès, au contraire :

> *I felt so depressed*
> *that all I wanted was to go back to sleep*
> (p. 19).

Il rêvait beaucoup, mais il faisait des cauchemars[4].

La description de son ami (celui qui est *dumb,* qui joue le rôle de l'Indien, qui est de peu son aîné, dont le père boit, et qui rit nu dans l'eau de la rivière) n'est qu'une projection de lui-même. Nous l'apprendrons par la suite. Gaston Talbot s'identifie à Pierre Gagnon, dont le père était Anglais, comme il le révèle après avoir terminé le récit du rêve. Il avoue donc que Pierre était le cow-boy et lui-même l'Indien, et qu'il s'était dévêtu, obéissant aux ordres que l'ami lui donnait en anglais :

> *Pierre Gagnon-Connally asks me to be his*
>   *horse*
> *I say yes*
> *[...]*
> *Get rid of your clothes*
>
> *Yes sir* (p. 52-53).

Et pourtant :

> *I don't know English*
> *but on that hot sunny day of July*
> *every word which comes*
> *from the mouth of Pierre Gagnon-Connally*
> *is clearly understandable* (p. 52-53).

Le mystère plane toujours sur les événements entourant la mort de Pierre. S'agit-il d'un accident ou a-t-il été tué par Gaston? La description finale laisse entrevoir une histoire d'amour homosexuel, une histoire d'amour sado-masochiste, où l'agressé, Gaston, se transforme en agresseur, alors que la scène se fixe dans ce geste désespéré de sauver l'ami et de le tuer en même temps :

> *I touch his body*
> *I feel his life*
> *I do a mouth-to-mouth*
> *I see so close his face*
> *I can't handle it*
> *I take his head with my hands*
> *and crush it on the rocks* (p. 55).

Gaston projette ce qu'il méprise en lui, tout en s'appropriant des qualités de son ami, afin d'agir à son tour sur la réalité qui l'opprime. Au début de la pièce, Gaston dit :

> *a child came into the forest*
> *walked under the branches of the trees*
> *but a man came out*
> *with in his brain a vision a clear idea of his*
>   *future*
> *of what he had to do for the sake of his destiny*
> (p. 14).

La forêt, on le sait, est un lieu d'initiation, un lieu de métamorphoses et de renversements : dans *The Dragonfly of Chicoutimi*, elle figure le moment où les destins pourront s'entrecroiser.

Dans un de ses cours, Nicola Peluffo remarquait que l'identification a un but défensif qui permet à l'individu de s'adapter à une situation qui lui est imposée de l'extérieur. Il donnait un exemple pour le moins pertinent en regard du contexte général de la pièce de Tremblay :

> *Supposons que l'un de nous se trouve dans un pays où l'on parle une autre langue. Si vous disposez de moyens illimités, vous pouvez vous moquer du milieu qui vous propose des stimulus inhabituels : vous pouvez louer une chambre d'hôtel, recourir aux services d'un interprète quand vous sortez. Mais si un jour vous vous retrouvez seul, sans ces moyens qui vous permettent d'agir, vous êtes obligé d'absorber quelques qualités du milieu, d'apprendre des mots, par exemple. Ces mots vous serviront comme mécanisme de défense, et vous deviendrez l'autre. Grâce à ces mots vous assumez la qualité de la langue d'un autre, et vous pouvez agir sur une situation avec une qualité dont vous ne pouviez pas faire preuve auparavant[5].*

Ce mécanisme très simple, mais vital, est au fondement du drame du personnage de Tremblay, drame toutefois ancré au plus profond de la personnalité de Gaston, comme nous l'indique le récit du rêve. En effet,

> *l'essai d'identification est une résonance ou un reflet d'une potentialité qui existe dans la personnalité de base, donc du terrain biopsychique de la personne et dans la situation qui a eu lieu pendant la rencontre entre le terrain biopsychique du sujet et celui de la mère pendant la vie intra-utérine[6].*

L'identification est donc d'abord projection, celle-ci étant la première forme de relation entre un objet interne et le monde ambiant. Grâce à l'introduction, par Fanti, du stade initiatique dans le développement psychosexuel, on peut revoir toute la question de l'identification à l'agresseur. La «synapse fœto-maternelle[7]», telle qu'il la définit, met en acte une double identification à l'agresseur – celle de la mère ct celle de l'embryon-fœtus – dans une recherche de survie réciproque. Le rêve de Gaston fait bien ressortir cette dynamique.

Dans la synapse fœto-maternelle telle que décrite par Fanti, ce sont les projections-identifications de la mère qui enchaînent celles que le fœtus utilise pour former son psychisme. Or, dans ce mouvement de projections-identifications, l'identification à l'agresseur devient un mécanisme particulier de défense qui, au cours de la gestation, se résout en un «rejet-facilitation». On sait que, dans les premières phases de la gestation, la mère perçoit l'embryon comme un corps étranger et que l'organisme cherche à s'en débarrasser. C'est grâce à des mécanismes immunitaires spécifiques que l'embryon réussit à s'implanter, en dévorant toutefois la paroi de l'utérus, en agressant à son tour le corps de la mère[8].

Le rêve, dans la pièce de Tremblay, décrit cette dynamique en mettant en scène certains aspects de la gestation jusqu'à la naissance, spécialement dans le dialogue entre Gaston et sa mère. Elle le rejette : «Go away son of a bitch» (p. 30). Par ailleurs, elle projette sur lui sa propre image :

> look at these brown eyes
> my eyes (p. 34-35).

La mère vit toutefois l'invasion de son fils comme une menace à sa vie :

> I gave birth
> to nine sumptuous children
> and Gaston is the jewel of that crown
> which squeezes my head to death (p. 43).

De son côté, Gaston s'identifie à sa mère : «I'm the flesh of your flesh» (p. 41); il l'incorpore :

> your brain is nothing but
> a tiny ball lost in my brain (p. 44).

Parallèlement, un vécu de mort surgit pour lui : «after all I'm dying» (p. 46). La relation est imprégnée de violence réciproque. Gaston dit à sa mère «I'll kill you» (p. 29), et la mère répond aussi par une tentative de meurtre : «when mum throws the knife» (p. 40). Gaston, après s'être transformé en un *dragonfly,* parvient à cet «incestuous meal» (p. 47). La recherche de la fusion, présente dans le désir d'inceste, conduit à la mort tout en permettant de renaître[9]. C'est à ce moment-là que Gaston est expulsé (p. 47) de la cuisine (utérus) à travers le toit, image à laquelle fait suite celle d'une bouteille et celle d'un geyser, nous reconduisant à l'image d'un passage étroit, celle du col de l'utérus. Or, dans le rêve, sortir et entrer sont équivalents. Gaston est expulsé de sa mère, mais en même temps il revient au sein maternel. Grâce au retour à la mère fusionnelle, un équivalent de l'univers, s'accomplit le retour aux origines, au vide (p. 49).

Gaston décrit sa mère dans sa toute-puissance, ce qu'elle est en effet par rapport à l'enfant :

> *you know the strength*
> *and the inflexibility of a mother* (p. 40).

De là me vient l'idée que le passage à la langue de l'agresseur exprime en réalité une «soumission» à la langue dominante : un déplacement qui reflète la soumission à la mère. Le rêve dans la langue de l'agresseur pose une équivalence entre l'anglais, le pouvoir et la mère. Ce retour à la mère a permis à Gaston de faire réapparaître la scène enfouie de la mort de Pierre (presque un souvenir-écran) qui masque une scène beaucoup plus forte et profonde, celle vécue lors de la vie intra-utérine. La libération de la parole qui s'est produite grâce à l'identification à la puissance maternelle permettra à Gaston, à la fin de la pièce, de revenir à une dimension plus réelle, de sortir du vécu de toute-puissance tel qu'expérimenté depuis la fécondation jusqu'aux premiers mois de vie. En chantant, en français, *J'attendrai,* il récupère la réalité de la vie faite d'attente : après avoir vécu l'identification et la «soumission» à l'agresseur, par l'entremise de la langue, il pourra enfin se détacher de la langue/mère et naître à nouveau.

Le corps à corps avec la mère

Une affirmation ouvre le récit du rêve :

> *In the dream*
> *I was a child*
> *I mean I felt like a child*
> *with an adult body* (p. 20),

affirmation que Gaston répète à plusieurs reprises (p. 21, 22, 25, 36). Une fois il répétera la même phrase au présent, car le rêve annihile le temps :

> *As I said*
> *I'm a child*
> *with an adult body* (p. 36).

Cette formulation renvoie à un processus clé de l'inconscient : puisque nos désirs restent ancrés dans ceux de l'enfance, la difficulté de devenir un adulte autonome sur le plan psychique persiste longtemps, toute notre vie peut-être. Cette image est cristallisée par les pensées de Gaston qui renvoient souvent à l'expérience intra-utérine lorsque «l'enfant» vit à l'intérieur du «corps adulte» de la mère et assure sa survie grâce à lui.

Le fœtus, dans l'interaction psychobiologique avec sa mère[10], assimile déjà l'expérience d'un corps adulte, c'est-à-dire d'un corps qui a rejoint une certaine stabilité dans ses possibilités de développement, tandis que le fœtus lui-même est en plein processus de transformation. Le corps de la mère est l'univers de l'embryon-fœtus, un univers vivant, contenu à son tour dans un univers plus vaste. L'image du corps d'adulte dans lequel Gaston se perçoit lui vient de l'expérience sensorielle du corps de sa mère et lui permet d'établir une relation avec cet objet tout en gardant la perception de son identité d'enfant, un être en évolution[11].

Si nous reprenons les définitions de «guerre utérine», de «stade initiatique» et de «synapse fœto-maternelle», auxquelles j'ai fait brièvement allusion, nous pouvons y retrouver des fragments significatifs du rêve de Gaston. De plus, dans ses associations au-delà de la description du rêve, il introduit une image de femme enceinte dont il voit naître un enfant, enfant qui mangera des *popsicles* dont il pourra recueillir les bâtonnets, pour créer ensuite «ses œuvres d'art» (p. 23), puisque Gaston se définit aussi en tant qu'artiste.

La relation entre Gaston et sa mère apparaît dans le rêve tandis que l'un et l'autre, à tour de rôle, prennent la parole dans la cuisine où la mère prépare un gâteau d'anniversaire pour son fils. L'ambivalence de leurs sentiments les pousse à une relation qui devient sanglante. Gaston ne se reconnaît pas dans son rêve, c'est bien «lui», mais ce «lui» est un autre :

> *who is looking at me*
> *with my own face* (p. 26).

Il prend peur et s'enfuit vers sa maison, vers sa mère. L'enfant épouvanté appelle sa mère à l'aide, mais elle ferme la porte tandis qu'il la supplie : «look at the flesh of your own flesh» (p. 27). Les métamorphoses se succèdent, les images projetées se transforment : c'est maintenant la tête de Pierre Gagnon qu'il voit sur ses épaules, les *popsicle sticks* se changent en pierres (p. 28), des pierres qui se multiplient dans ses mains, en présence du sang «look at the blood / look at the hand / look at the stones» (p. 29), alors qu'il hurle :

> *mum mum*
> *open the fucking door*
> *I'll kill you* (p. 29).

N'y aurait-il pas lieu de voir, dans cette scène et tout au long de la pièce, une métaphore du corps à corps sanglant de la nidation suivi de l'expansion cellulaire qu'on ne peut arrêter? La présence du sang revient à plusieurs reprises (p. 29, 41, 43, 45, 46); en effet, au moment de la nidation, le fœtus se nourrit du sang de la mère. Cette image culmine lorsque Gaston mange le corps de sa mère (p. 47). L'expansion cellulaire surgit à travers l'image de la prolifération des pierres et des *popsicle sticks* (p. 22, 28, 29). De plus, au cours de la vie intra-utérine, le fœtus enregistre les émotions de sa mère dont les effets peuvent aujourd'hui être vérifiés : Gaston, à plusieurs reprises, parle des battements de son cœur[12] (p. 31, 32, 35, 36, 38, 48).

Toutefois, la rencontre entre la mère et l'enfant n'est pas toujours possible. Dans la pièce, la mère se défend au point de nier la requête de son enfant :

> *I don't hear my son*
> *calling for me outside the door*
> *I hear nothing*
> *it's not my dream after all* (p. 30)

soulignant ainsi que, pendant la gestation, le rêve de l'enfant n'est pas nécessairement celui de la mère, puisqu'il se développe en parallèle, tout en y étant étroitement lié[13]. Il peut donc arriver que la rencontre des exigences internes du fœtus et de celles de la mère soit impossible. Si les exigences de l'objet interne de l'enfant ne correspondent pas à celles de l'objet interne de la mère, la situation devient plus ou moins difficile. En effet, il n'y a pas toujours une parenté psychique entre la mère et l'enfant; c'est alors que les projections réciproques se perdent et que toute communication devient impossible[14]. Une illustration éloquente en est donnée lorsque Gaston propose de démontrer à sa mère qu'il s'agit de son rêve à lui, en lui offrant de deviner le chiffre auquel elle aura pensé. Malheureusement, il n'y arrive pas et il accuse sa mère de penser à plusieurs chiffres à la fois :

> *how could I catch the number*
> *if you change your mind every second*
> *[...]*

> *and stop to make me confused*
> *now you are counting*
> *6 7 8 9 10 11*
> *that's not fair* (p. 46).

La rencontre impossible est représentée sur un mode onirique. Or, le rêve étant lui-même une répétition d'un vécu intra-utérin, on peut induire que cette impossibilité de rencontre se structure déjà au stade de la gestation[15]. Dans le rapport intra-utérin et pendant les premiers mois de vie de l'enfant, le corps de la mère devient la nourriture de l'enfant. Dans la pièce, la mère se décrit elle-même comme nourriture :

> *my lips are cherries*
> *my white skin is bread*
> *my heart is a chocolate cake* (p. 33)

et elle projette sa propre image sur son fils, ce qui lui donne la possibilité de s'identifier à lui, de le reconnaître comme sien grâce à un investissement narcissique :

> *look at these brown eyes*
> *my eyes*
> *look at this nose*
> *my nose*
> *look at this mouth*
> *my mouth*
> *that's why I put so much love*
> *in the chocolate cake*
> *son of a bitch* (p. 34-35).

Ce mécanisme de projection-identification permet à la mère, au niveau psychique, de garder l'enfant, de ne pas le rejeter : ce mécanisme est analogue à celui qui se produit au niveau somatique, puisqu'un corps étranger est normalement rejeté par l'organisme, à moins que n'interviennent des mécanismes qui empêchent le rejet.

Peu après, pourtant, la mère ne reconnaît plus son fils :

> *Who are you*
> *you're not my beloved son*
> *that nose is not mine*
> *those blue eyes*
> *are not my brown eyes* (p. 39).

Et la mère se met à courir derrière son fils, avec un couteau dans la main, pour le tuer. Cette description nous renvoie peut-être à une représentation originaire d'une scène primitive, mais toujours intra-utérine, celle où le fœtus subit, dans le sac amniotique, les assauts du père qui pénètre la mère (Fanti, [1981] 1988, p. 181) :

> *When the knife thrown by mum*
> *transpierced my chest*
> *fixing my body on the yellow wall of the*
>   *kitchen*
> *it was impossible for me to escape*
> *the sensation and the idea*
> *I was nothing but*
> *a dragonfly fixed on a wall by a pin* (p. 41).

À l'adolescence, lorsque des circonstances analogues de soumission se répètent, Gaston sera en mesure de réagir en se libérant de celui qui le poursuit. Mais, pour le moment, le cauchemar le harcèle encore dans une rencontre impossible avec la mère :

> *I'm fed up of you mum*
> *looking at me as a stranger* (p. 46).

La scène continue de se transformer, d'évoluer dans ses contradictions. Pendant qu'il est en train de mourir («after all I'm dying», p. 46), il demande à sa mère :

> *KISS ME*
>
> *She did*
> *[...]*
> *Suddenly*
> *the Picasso's mask or whatever*
> *fell down from my face*
> *showing a dragonfly's head*
> *mum cried like death*
> *I opened up my big jaws*
> *and I ate ate ate*
> *the body of mum*
> *from head to toes*
> *hair and shoes included*
> *excited by this incestuous meal*
> *I swallowed the chocolate cake*
> *with its seven candles*
> *making the wish to fly*
>
> *My wish was instantly fulfilled*
> *the roof of my family house*
> *exploded like a Coke cap* (p. 46-47).

Gaston a enfin trouvé le désir qu'il pourra exprimer en soufflant sur les chandelles : s'envoler. Il exprime le désir de naître, de sortir de l'utérus où la permanence, au-delà d'un temps physiologique, conduit à la mort. La naissance est possible au moment où un sentiment d'étrangeté s'installe entre la mère et l'enfant[16].

Le corps à corps sanglant avec la mère sera repris plus tard mais avec l'ami Pierre cette fois, dans un passage à l'acte. Ce qui arrive avec Pierre, c'est bien une répétition de ce qui lui est déjà arrivé avec sa mère. De celui qui est poursuivi par sa mère brandissant un couteau, de celui qui accepte de devenir le cheval de son ami, il devient l'agresseur qui dévore sa mère, la rend inoffensive, comme il rend Pierre inoffensif.

Le rêve comme médiateur

Le récit du rêve/cauchemar de Gaston nous conduit donc à une compréhension plus profonde de ce drame, jusqu'à ses implications intra-utérines. Pour Fanti «le désir inconscient que réalise le cauchemar est non seulement refoulé (comme peut l'être celui du rêve ordinaire) mais particulièrement inavouable du fait de sa traumatique composante agressive-sexuelle, infantile ou utérine» ([1981] 1988, p. 158).

Dans la pièce de Tremblay, c'est le rêve («And years and years later / the dream came», p.56) qui devient le médiateur entre le silence et le retour de la parole, grâce au retour du refoulé. Le rêve sert également de pont entre la description de la vie de Gaston telle qu'il l'aurait désirée et la vérité, l'aveu de ce qu'elle a été. Le rêve lui a permis de retrouver la mémoire, de reprendre contact avec sa propre réalité, même si elle est effrayante, de l'accepter, de l'élaborer.

Une des fonctions du rêve est celle de redécouvrir les souvenirs de l'enfance et de les revivre. Le rêve permet de revenir en arrière, de revivre le traumatisme, dans un éternel présent, pour ne pas l'oublier tout à fait, mais en même temps pour le rendre moins douloureux, pour en libérer un peu l'énergie qui y est attachée. Le fait de rêver absorbe une partie de l'énergie qui nous maintient en état d'excitation, et permet ainsi un retour à une situation de détente.

Dans le rêve, c'est Gaston qui tue la mère, en déplaçant sur elle un acte qui s'est passé quand il avait environ seize ans. En réalité, le rêve reconduit les événements de son adolescence à ses origines réelles, à la guerre intra-utérine, première guerre qui entraîne tout être humain vers les autres guerres : l'infantile et l'adulte.

Grâce au rêve, Gaston peut rétablir la vérité, «the simple and undressed truth / mother of all possibilities» (p. 27-28), et dire ce qui lui est arrivé. Or ce rêve est transmis, rappelons-le, dans la langue de celui qu'il a vécu comme étant l'agresseur. Cette perception de lui-même le replace dans la réalité qui l'entoure : «I want to be in not to be out » (p.12). La possibilité d'exister passe par l'identification à l'image de soi que l'on a projetée sur l'autre, puis par une distanciation de celle-ci au moment où l'on entre en contact avec la réalité extérieure, que l'on en prend conscience et que l'on renonce enfin à la fusion avec la mère.

Lorsque Gaston, en rêve, est projeté hors de la cuisine, seul instant de bonheur, il reprend à nouveau l'histoire de sa vie :

Once upon a time
Gaston Talbot
a dragonfly who ate his mother
the day of his seven years
flew into the sky of Chicoutimi
[...]
returned to the infinite freedom of the sky
[...]
when he threw a quick eye
on the little stream of the river rivière aux
    Roches
a strange attraction
obliged him to go down more and more
[...]
he clearly understood
that it was the end
in a moment
he would be dead
crushed on the rocks of the river rivière aux
    Roches

Boum

Dream is over (p. 49-50).

Voilà que la pulsion de mort prend le dessus sur la pulsion de vie, vers un retour aux roches qui ont tué l'ami. Il est alors attiré par le désir de minéralisation présent en chacun de nous. Toutefois, la vie rejaillit dans ce retour, comme dans tout rêve, la réalisation du désir idéen[17] réactive les désirs spécifiques et la pulsion de vie. En se réveillant, Gaston revoit et revit la scène de la mort de Pierre et s'en libère.

Les mots de la chanson *J'attendrai*[18], popularisée par Tino Rossi, terminent la pièce de Tremblay, témoignage du retour du personnage à la langue maternelle, mais aussi à la dimension temporelle de la vie, faite d'attente. Comme l'explique Peluffo[19] en parlant de l'universalité du conte de Cendrillon, «le principe de réalité (qui nous permet d'ailleurs de vivre en société) fonctionne sur la base d'une adaptation masochiste, parce que la personne attend pour survivre. Mais, vu la structure situationnelle de l'homme, celui-ci pourrait difficilement survivre s'il n'avait pas la force d'attendre». Ainsi, après avoir cherché les mots, Gaston se met à chanter «et, pourtant, j'attendrai ton retour». On retrouverait dans cette finale la dimension politique ou collective que certains ont vue dans cette pièce : ne serait-ce pas une même adaptation masochiste à l'attente qui a donné la possibilité aux francophones du Québec de survivre?

Le rêve permet de sortir de la fixité du délire et d'accéder à la dynamique de l'«activitépassivité». Dans la pièce, ce passage est traduit par des mots et par des gestes, au début par la phrase «I travel a lot», qui exprime un mouvement alors que Gaston est immobile, et, lors de la finale, par la chanson *J'attendrai,* qui exprime un arrêt alors que Gaston marche vers la sortie. Un mouvement d'action-réaction traverse toute la pièce, mouvement résumé dans l'image de l'envol vers le ciel et du retour vers la rivière aux Roches, nourri par la pulsion de mort-pulsion de vie.

Les derniers mots prononcés en anglais arrivent pêle-mêle, expression du chaos d'où jaillit la vie :

> *my mouth was a hole of shit*
> *I mean*
> *full of words like*
> *chocolate cake beloved son*
> *son of a bitch popsicle sticks*
> *[...]*
> *I was not*
> *as they said*
> *aphasic*
> *anymore*
> *I was speaking in English* (p. 57).

Ces mots sont librement associés et sont redevenus porteurs d'affect. Des mots en décomposition, comme

> *all those fucking words*
> *like rotten seeds*
> *everywhere in the room* (p. 57),

deviennent germes de vie, au moment où Gaston les énonce. La libération vient de ce qu'il peut enfin communiquer à quelqu'un, en l'occurrence au spectateur (figure muette de l'analyste?), ce qu'il ressent, ce qu'il vit. La pièce de Tremblay apparaît donc tout entière comme une métaphore de la situation analytique, où le silence de l'analyste non seulement rend possible la parole de l'autre, mais aussi sa transformation. C'est en effet grâce à la relation analytique, dans une nouvelle synapse (reproduction en partie de la synapse intra-utérine), que la rencontre entre le transfert de l'analysé et le contre-transfert de l'analyste permet le remaniement de tout l'être de l'analysé. Ainsi Gaston, dans la synapse avec le spectateur, sort de son cauchemar, revient à la vie.

NOTES

1. La micropsychanalyse, développée par Silvio Fanti dès 1953 dans le prolongement de la psychanalyse freudienne, se définit comme une «étude du psychisme dépassant l'inconscient et appréhendant l'homme jusque dans son contexte énergétique et son vide constitutif». (Fanti, Codoni et Lysek, 1983, p. 19).

2. Les citations resteront en anglais puisque, comme l'écrit Paul Lefebvre : «Cette pièce est écrite en anglais. En fait, elle est écrite en français, mais avec des mots anglais» (p. 77).

3. «Guerre utérine : de la fécondation à la naissance, l'embryon-fœtus confronte son agressivité idéenne et phylogénétique aux attaques et réactions agressives de la mère» (Fanti, Codoni et Lysek, 1983, p. 203). «Stade initiatique : le fœtus participe synaptiquement à l'agressivité-sexualité de sa mère et établit ainsi ses premières connexions copulsionnelles et structurations psychobiologiques» (p. 213).

4. Voir l'intéressant article «À propos du cauchemar», où Véronique Caillat (1997) examine le cauchemar post-traumatique et formule l'hypothèse que ses racines se trouveraient dans des micro-traumatismes utérins.

5. Je traduis librement cet extrait d'un cours donné à l'Université de Turin, le 8 mars 1984, par Nicola Peluffo, micropsychanalyste, directeur de l'Institut italien de micropsychanalyse et professeur de psychologie dynamique.

6. Je me sers à nouveau du cours de Peluffo.

7. «Synapse fœto-maternelle : les projections-identifications agressives-sexuelles de la mère enchaînent celles que le fœtus utilise pour former son ça-moi-surmoi» (Fanti, Codoni et Lysek, 1983, p. 213).

8. Dans le chapitre «Un caso particolare di trasformazione : la gestazione», de son ouvrage sur la micropsychanalyse, Peluffo observe, à partir de sa définition de «psychisme comme représentation des processus somatiques», que les fils/filles en général sont poussés à détruire la mère dans le plus profond de leur inconscient. Je traduis librement cet extrait : «L'aspect macroscopique du problème, dans la littérature, est traité du côté de la mère. On parle de mère méchante, de mère meurtrière, etc.,

en définitive ce que l'on saisit, c'est que les fantasmes de destruction de sa propre mère dérivent de la mère elle-même. [...] Mon hypothèse, c'est que les fils/filles (et les mères en tant que filles et mères, et ainsi de suite) revivent le désir ambivalent (amour/haine; garder/expulser) que la mère a nourri à leur égard et que le vécu psychique de la mère n'est rien d'autre que la représentation d'un processus somatique : la réaction immunitaire.»

9. Voir à ce sujet les articles «Al di là dell'amor cortese» (Gabriele, 1998) et «Miti» (Caillat, 1998).

10. Fanti écrit : «Le fœtus est un récepteur ultrasensible de la psychosomatique maternelle et de l'environnement» ([1981] 1988, p. 179).

11. Au sujet du concept d'image, voir *Immagine e fotografia* (Peluffo, 1984, p. 63). Je traduis : «L'image est la forme qui organise l'ensemble des éléments (représentations et affects) qui proviennent de divers canaux sensoriels et qui rend possible la perception de la relation intérieure avec l'objet : la forme de l'ensemble des éléments qui permet de reconnaître un objet copulsionnel introjecté.»

12. La relation entre l'embryon, appelé fœtus dès le quatrième mois de gestation, et la mère est un corps à corps sanglant. En voici trois illustrations : 1) la nidation, c'est-à-dire l'implantation de l'embryon dans la paroi de l'utérus, est cannibalique et vampirique : pour survivre, l'embryon se nourrit de la mère et en suce le sang; 2) l'expansion cellulaire de l'embryon est comparable à un cancer que la mère essaie à tout prix de rejeter; 3) le fœtus est un récepteur ultrasensible contraint à enregistrer la psychobiologie de la mère» (Fanti, Codoni et Lysek, 1983, p. 202). Il

me semble que ces éléments décrits par Fanti se retrouvent tous dans la pièce de Tremblay.

13. De plus en plus, des travaux cliniques confirment que le fœtus rêve et qu'une grande partie du caractère et des capacités d'une personne se forment pendant la vie intra-utérine, en même temps que les aspects somatiques de l'individu. (Voir Nathanielsz, [1992] 1995, p. 23).

14. Selon Peluffo, lors d'un cours donné à l'Université de Turin, le 2 mars 1984.

15. Cette difficulté de rencontre a été analysée par Fanti grâce à l'étude des photographies d'une mère et de son nourrisson, ce qui lui a permis d'élaborer le concept de «fausse présence» défini comme une «attitude absente, surtout inconsciente, de la mère pour son nourrisson et camouflant sa rivalité égoïste et jalouse» (Fanti, Codoni et Lysek, 1983, p. 203). L'attitude de vexation permanente, sournoise et subtile de la mère réactive le vécu de guerre utérine. Voir à ce sujet *L'Homme en micropsychanalyse* (Fanti, [1981] 1988, p. 187).

16. Peluffo résume le double rapport (mère-fœtus) à partir du vécu d'invasion de la part de la mère et des défenses somatiques et psychiques que le fœtus met en acte pour survivre, pour arriver enfin à un sentiment d'étrangeté entre les deux, ce qui permet la naissance (1976, p. 88).

17. «Idéen», terme qui vient de «Ide» : «Instinct d'essais» (Fanti, Codoni et Lysek, 1983, p. 185, 190).

18. «J'attendrai le jour et la nuit / j'attendrai toujours ton retour / j'attendrai car l'oiseau qui s'enfuit / vient chercher l'oubli dans son nid / le temps passe

et court / en battant tristement dans mon cœur
trop lourd / et pourtant j'attendrai ton retour.»

19. Lors d'un cours donné à l'Université de Turin, le
6 mars 1993, pendant lequel il a analysé le conte
sénégalais «Umbà l'orpheline».

BIBLIOGRAPHIE

CAILLAT, Véronique (1997). «À propos du cauchemar», *Micropsychanalyse,* n° 1, p. 25-33.

CAILLAT, Véronique (1998). «Miti», *Bollettino
dell'Istituto Italiano di Micropsicoanalisi,* n° 24-
25, p. 115-124.

FANTI, Silvio ([1981] 1988). *L'Homme en micropsychanalyse*, Paris, Buchet/Chastel.

FANTI, Silvio, Pierre Codoni et Daniel Lysek (1983).
*Dictionnaire pratique de la psychanalyse et de la
micropsychanalyse,* Paris, Buchet/Chastel.

GABRIELE, Stefania (1998). «Al di là dell'amor cortese», *Bollettino dell'Istituto Italiano di Micropsicoanalisi,* n 24-25, p. 46-57.

GODIN, Jean-Cléo (1996). «Qu'est-ce qu'un *Dragonfly?*», *Cahiers de théâtre Jeu*, mars, p. 90-95.

LAPLANCHE, Jean, et J.-B. PONTALIS (1984). *Vocabulaire de la psychanalyse*, Paris, PUF.

MOSS, Jane (1997). «Larry Tremblay et la dramaturgie de la parole», *L'Annuaire théâtral*, n° 21 (prin-
temps), p. 62-83.

NATHANIELSZ, Peter W. ([1992] 1995). *Life before
Birth and a Time to Be Born,* Ithaca, Promethean
Press. [D'abord paru sous le titre *Un tempo per
nascere,* Torino, Boringhieri.]

PELUFFO, Nicola (1976). *Micropsicoanalisi dei processi di trasformazione,* Torino, Book's Store.

PELUFFO, Nicola (1984). *Immagine e fotografia,* Roma, Borla.

LA POLYPHONIE MISE EN SCÈNE
À MONTRÉAL ET À TORONTO

Michael Darroch
Jean-François Morissette

La création multilingue est depuis longtemps une caractéristique de l'imaginaire culturel de Montréal[1]. Grâce à la vitalité des communautés immigrantes et au rapport long et compliqué entre le français et l'anglais, Montréal constitue de plus en plus un lieu où la création multilingue se situe au premier plan. Dans plusieurs cas, cette création est inspirée autant par la politique linguistique passionnée du Québec que par des rencontres urbaines quotidiennes. Les arts répondent d'une façon significative aux tensions provoquées par la nature changeante de l'usage des langues à Montréal devant, ou malgré, la toile de fond de la politique nationale du Québec. Une œuvre comme *The Dragonfly of Chicoutimi* de Larry Tremblay est unique dans sa façon de traiter l'interaction entre le français et l'anglais. En opposition avec d'autres œuvres qui combinent les langues[2], *The Dragonfly of Chicoutimi* superpose des mots anglais sur une syntaxe française : la pièce brosse le portrait d'un homme qui, après avoir perdu la capacité de s'exprimer dans sa langue maternelle, nous raconte l'histoire de sa vie dans un anglais teinté par la langue française.

La première de *The Dragonfly of Chicoutimi* a eu lieu au Théâtre d'Aujourd'hui, en 1995, dans le cadre du Festival de Théâtre des Amériques. Ayant connu un succès remarquable, cette pièce a été reprise par la suite pendant plusieurs années[3]. Mise en scène par Larry Tremblay lui-même, et mettant en vedette Jean-Louis Millette, un des plus grands acteurs québécois, la pièce a été présentée au public francophone du Théâtre d'Aujourd'hui. Ce théâtre, fondé en 1968, s'est donné comme mandat de produire des œuvres québécoises nouvelles et de langue française. Une nouvelle production, mise en scène en 2002 par Kevin Orr, avec Dennis O'Connor dans le rôle de Gaston, a été proposée au public principalement anglophone du Factory Studio Theatre de Toronto. Fondé en 1970, à l'âge d'or du mouvement du théâtre alternatif de Toronto, ce dernier a été le premier des petits théâtres torontois à travailler exclusivement avec un contenu canadien. Cette production a été codiffusée par les compagnies de théâtre Solar Stage et Odonata; cette dernière a été fondée par O'Connor et Orr pour créer *The Dragonfly*. Orr a pris connaissance de la pièce en lisant le livre du journaliste Ray Conlogue, *Impossible Nation : The Longing for Homeland in Canada and Québec* (1996). Conlogue, qui a travaillé comme critique d'art pour le *The Globe and Mail,* à Toronto et à Montréal, est le seul journaliste à avoir commenté les productions montréalaise et torontoise de *The Dragonfly,* une pièce qui, selon lui, exprime l'échec du rêve biculturel canadien. Comme nous allons le voir, les différences entre les productions montréalaise et torontoise révèlent des perspectives distinctes quant à la place des langues dans la culture urbaine de chacune de ces villes.

La forme monologique de la pièce, écrite sans indications scéniques ou ponctuation, ressemble à un poème narratif. Pourtant, ce monologue soutient une structure dialogique entre le français et l'anglais, soulevant donc des questions importantes sur les rapports entres les langues au Québec et au Canada, sur le rapport entre la langue et la mise en scène de l'identité, et également sur les implications sociales du mélange de ces cultures linguistiques dominantes. Quoique ces questions aient été amplement interprétées à travers leurs implications pour les identités nationales canadiennes et québécoises, nous affirmons que *The Dragonfly* exprime la spécificité de l'interaction entre le français et l'anglais propre à Montréal, et permet également de réfléchir sur le caractère linguistique de Toronto.

Un grand nombre de pièces écrites dans les deux langues officielles du Canada circulent entre ces deux villes, présentées soit en traduction, soit dans le texte original (par exemple, des pièces en anglais au *Centaur Theatre* de Montréal ou des pièces en français au *Théâtre français* de Toronto). Même certaines parties de *Balconville,* la pièce bilingue de David Fennario qui dépeint les rapports quotidiens entre des voisins anglophones et francophones dans les arrondissements ouvriers de Verdun et de Pointe-Saint-Charles, ont été traduites pour rendre le joual accessible aux Canadiens anglais qui ont du mal à comprendre le français. Quoique l'action de *The Dragonfly* ne soit située ni à Montréal ni à Toronto, c'est le premier texte dramatique québécois qui ne nécessite pas de traduction ou de modification pour se déplacer entre les publics montréalais et torontois. Cet aspect unique du texte permet de comparer la variation linguistique entre ces deux villes.

«Intraduisibilité» ou la traduction sans original

Dans sa postface de la pièce, Paul Lefebvre met le doigt sur un point fondamental quand il suggère que *The Dragonfly* ne peut pas être traduit dans le sens traditionnel. La réécriture d'une œuvre dans une autre langue est une tentative de jeter une pont entre deux lieux, deux communautés, dans l'espace et le temps. Lefebvre souligne un déficit fondamental de la traduction culturelle : l'impossibilité inhérente de traduire, vers un autre lieu et un autre temps, la totalité du sens qu'un texte signale ou suggère. Cependant, la supposition de Lefebvre qu'une traduction de cette pièce consisterait seulement à mettre des mots anglais sur une autre langue est imparfaite.

Une telle traduction est tout à fait concevable, mais son succès serait basé en grande partie sur l'équivalence du contexte, sur la force et l'usage équivalents de la langue anglaise par rapport à la langue dominante de cet autre lieu – une idée qui est aussi soulevée par la proposition de Lefebvre que «tôt ou tard, on l'aurait écrit ailleurs» (p. 80) – c'est-à-dire, dans un autre contexte où l'anglais menace de dominer l'idiome local. Quoique l'acte de traduire puisse en effet servir à souligner les affinités et les différences entre des lieux, des peuples et des cultures, le texte traduit ne peut jamais satisfaire la demande d'équivalence. La façon dont Lefebvre comprend la pièce et considère la possibilité de sa traduction est fondée sur un sens particulier des relations de pouvoir entre les langues nationales en question. Il néglige de tenir compte de la possibilité, pourtant évidente, de présenter ce texte à un public anglophone, en particulier un public anglo-canadien, ce qui soulève la question : comment peut-on superposer cette pièce francophone faite de mots anglais sur une syntaxe anglaise et garder la moindre signification?

Dans son article (p. 81), Robert Dion fait référence à la pièce comme à un cas extrême d'hétérolinguisme (terminologie qu'il emprunte à Rainer Grutman (1997). Dans le même esprit, la forme dialogique de *The Dragonfly* est exemplaire de la notion de *plurilinguisme* chez Mikhaïl Bakhtine, une notion qui identifie les processus par lesquels des systèmes nationaux ou généraux de langue convergent et se transforment. *The Dragonfly* est donc un texte dont la traduction culturelle joue un rôle intégral dans l'acte créateur. La nature dialogique de cette pièce témoigne du passage continuel entre le français et l'anglais – phénomène que tout le Québec connaît, mais qui est peut-être plus révélateur des expériences vécues dans les rues de Montréal où ces langues se rencontrent concrètement et quotidiennement. En opposition avec Paul Lefebvre, qui suggère que les origines de Tremblay, qui a grandi dans la ville francophone de Chicoutimi, ont fait naître le texte plus vite, et en opposition avec Robert Dion, qui affirme que *The Dragonfly* est fermement ancré dans la région de Chicoutimi, nous avançons qu'il est insuffisant de réduire ce texte à l'expérience de Tremblay en tant que Chicoutimien ou même Québécois. Cette pièce ne provient-elle pas de l'expérience ultérieure de Tremblay à Montréal, de sa migration d'un espace monolingue à un espace multilingue? Nous estimons que la signification de cette œuvre tient davantage à sa représentation devant un public qu'à l'analyse de son contenu ou de sa forme strictement littéraire. De ce point de vue, si nous adoptons la perspective de Lefebvre sur des «places équivalentes», les villes d'Athènes et de Düsseldorf doivent céder la place à des villes comme Bruxelles et Hong-Kong.

The Dragonfly est loin d'être le premier texte créé à Montréal traitant de cette rencontre des langues. Sherry Simon a écrit sur la traduction culturelle qui provient de Montréal et des pratiques littéraires qui s'y rattachent :

> *To live with the contamination of languages is to feel at home in those sometimes painful areas where translation and writing overlap. In the shadowing of one language by another, in the ghostly presence of one behind the other, there is a widening of the frame of reference. No one vocabulary will suffice, no one channel can access the multiple planes of expression. Just as visual and plastic arts today abandon the single frame, the written word expands its reach* (Simon, 2001, p. 321).

Simon emploie l'expression «la traduction sans original» en référence aux textes engendrés par le trafic des langues dans un environnement urbain. «La traduction sans original»

> *stands for a range of writing practices that fall somewhere between writing and translation, practices that use the gap between languages as a space of creativity. Rather than acting exclusively as mediators, writers/translators create hybrid literary texts that are informed by a double culture. Their texts become a crossroads of sensibilities* (Simon, 2001, p. 321).

On pourrait donc avancer que le sujet de *The Dragonfly* n'est autre que l'incompatibilité de telles sensibilités culturelles dans un temps et un lieu donnés. La coexistence de l'anglais et du français, phénomène fort prononcé dans la quotidienneté de Montréal, s'incarne dans un seul personnage, Gaston Talbot. Ce choc culturel, où vraisemblablement le français n'existe que dans l'ombre de l'anglais, est inconciliable dans sa mémoire : ce phénomène le déchire. De plus, les lecteurs ou spectateurs n'ont accès à l'expression de ce conflit qu'à travers la forme d'un rêve. Gaston se démène pour raconter son rêve, il ment et interrompt la linéarité de son récit. Ainsi, la forme de la pièce ne peut être réduite ni à la fusion culturelle ni simplement aux sédiments incongrus de deux réalités culturelles. C'est un rêve théâtral qui témoigne de l'étayage fragile d'un personnage désespéré dont la situation difficile dévoile le caractère ludique et linguistique distinctif de Montréal.

Si nous avançons que la traduction culturelle est déjà ancrée dans l'acte d'écriture qui sous-tend cette œuvre, faisant appel, comme le dit Sherry Simon, à «la lacune entre les langues comme espace de créativité», il faut alors qu'elle soit aussi un élément constitutif de la (re)création de la pièce en divers contextes culturels. Une telle compréhension de la traduction culturelle doit être assez large pour comprendre l'interprétation, le *gestus,* l'accent, le décor, et elle doit aussi tenir compte de l'aspect collectif du théâtre. En ce sens, on pourrait dire, en citant Antoine Vitez, qu'à travers l'impossibilité même de transposer toutes les significations possibles, la traduction est analogue à l'art de la mise en scène. La traduction, affirme-t-il – à la manière de la mise en scène – a pour tâche de démêler certaines significations et de les trier selon le temps et le lieu de leur reproduction :

> *Très souvent, il faut dire aux acteurs de ne pas chercher à exprimer la totalité du sens ou la totalité de l'imitation d'un personnage supposé, mais de signifier simplement par quelques traits qu'il y a une différence entre le personnage et son modèle : signifier la forme plutôt que le contenu. On signale le décalage, et le décalage dégage l'effet. Effet d'étrangeté, ou d'estrangement (c'est le néologisme que j'ai inventé), comme le demande Brecht* (Copfermann et Vitez, 1981, p. 57).

Le décalage dont parle Vitez constitue l'axe de notre analyse comparative. La perspective qui est la sienne et selon laquelle aucune pratique de traduction ou, par extension, aucune représentation, n'est capable d'exprimer la totalité du sens signalé par un modèle original implique que la traduction peut servir de jauge pour mesurer la distance entre deux contextes (dans notre cas, d'une ville à l'autre). En ce sens, l'objectif de la traduction est de tenir l'original à l'écart, et de souligner cette distance – une idée que Vitez met sur le même pied que la notion brechtienne de l'effet d'étrangeté. La *Verfremdung,* pour Brecht, a été une pratique qui oblige le spectateur à voir ce qu'il y a d'inhabituel dans l'habituel ou le quotidien. Cet effet d'étrangeté constitue en soi un acte de comparaison, un échange de perceptions, un mouvement de va-et-vient qui permet de voir simultanément des conditions et des contradictions sociales comme étant familières et étranges. Comment l'expérience de l'étrangeté vécue par Gaston, c'est-à-dire la perte de sa langue maternelle au profit d'une langue de remplacement influencée sans cesse par la première, est-elle traduite par l'expérience théâtrale de Montréal et de Toronto?

Mesurer uniquement la distance culturelle est une méthode de comparaison insuffisante. Reconnaître simplement que Montréal et Toronto, par exemple, sont constitués de divers groupes linguistiques nous informe très peu sur les rencontres linguistiques qui se produisent en leur sein. Jean-François Côté note que la comparaison des villes implique la possibilité de

> comparer une ville à elle-même, en se rapportant à la manière par laquelle elle est dépeinte dans un certain chronotope, mais aussi de la comparer à d'autres, en référence à un type, à une «ville idéale» qui se tient soit derrière, soit devant, sur le plan de l'expérience historique, les possibilités d'expression culturelle, puisque c'est seulement à travers la comparaison projective que finalement les villes existent dans leur propre spécificité en tant qu'unité de civilisation[4].

Étant donné que *The Dragonfly* incarne le voyage

entre langue, identité et lieu, nous pouvons explorer les productions de Montréal et de Toronto, non seulement afin de comparer comment chacune de ces villes comprend sa propre expérience linguistique, mais également pour souligner le décalage entre les deux.

Il est important de considérer jusqu'à quel point l'étrangeté est au cœur de *The Dragonfly*. En ce sens, on peut avancer, avec Jane Moss[5], que *The Dragonfly* met en jeu la parole, le discours lui-même, et, pouvons-nous ajouter, sa scission (des mots anglais sur une syntaxe française). Du coup, cela rend problématique l'identité individuelle, puisque celle-ci se forge à partir de la langue comprise comme une structure unifiée garante de l'ordre symbolique. Bref, la forme expressive de cette pièce – la parole ou l'énoncé du texte au sens de Bakhtine – a pour spécificité d'être étrangère (d'être autre) à la langue maternelle du protagoniste. Conséquemment, le personnage devient étranger à lui-même ou, encore, il assume la voix de l'autre : celle de Pierre Gagnon-Connally. Pierre habite la conscience de Gaston («I close my eyes and Pierre appears» p. 15). L'action dans *The Dragonfly* renvoie donc à l'action de dire (une histoire) dans la langue de l'autre et, en ce sens, ce monologue est construit comme un dialogue intérieur où chaque feinte, chaque mensonge, est déjoué par l'anticipation ou la présence, au sein même de la conscience de Gaston, de la réplique d'autrui.

I told you that I travel a lot
that's not true
[...]
My childhood was a big success
I told you that too
it's not true (p. 18-19)

Gaston se regarde avec les yeux d'un autre.
D'ailleurs, presque tous les attributs que Gaston
se donne sont ceux de Pierre et vice versa : le
rôle du cow-boy était tenu par Pierre et non Gaston, le garçon nu qui riait dans l'eau était Gaston
et non Pierre, le simple d'esprit n'était pas Pierre
mais Gaston. En ce sens, *The Dragonfly* met en
scène, d'une part, la rencontre entre deux langues dans la conscience d'un même individu, le
faisant ainsi apparaître comme aliéné, en conflit
avec lui-même, et d'autre part, un processus inconscient, le rêve, qui fait accéder le protagoniste
à la conscience.

Le rêve lui permet de sortir de son mutisme
et lui procure une structure par laquelle il peut
relater ou inventer son expérience[6]. Gaston semble
d'abord renaître linguistiquement : en parlant anglais, il devient un homme nouveau. Cependant,
nous réalisons par la suite qu'il est prisonnier,
déchiré entre deux personnalités linguistiques.
Au terme de la pièce, Gaston ne correspond plus
à lui-même, il apparaît comme inachevé et reste
dans un état d'attente et d'incertitude et chante
J'attendrai (chanson popularisé par Tino Rossi)[7].
En somme, aucun des éléments de son récit de

vie ne sont certains, et plus particulièrement les circonstances ambiguës entourant la mort de Pierre (accident ou meurtre?). Nous revenons ici à un élément central de notre réflexion : est-ce que cette œuvre multilingue suppose l'impossible union des langues, chacune restant éloignée de l'autre dans un état inachevé? Ou bien, est-ce que cette union fragile et déséquilibrée de l'anglais et du français peut être comprise comme une forme linguistique grotesque – une langue en devenir, une langue qui se renouvelle sans cesse[8]?

Le rapport grotesque du soi et de l'autre incarné dans l'identité linguistique de Gaston reflète l'expérience de son réveil dans une autre sphère linguistique et remet ainsi en question le rapport entretenu entre langue et lieu urbain. Par-delà la pertinence évidente de *The Dragonfly* quant aux relations précaires entre le Québec et le Canada, discutées amplement dans d'autres analyses, les représentations de cette pièce à Montréal et à Toronto mettent en relief l'expérience immédiate d'habiter divers espaces linguistiques dans une ville cosmopolite. À cet égard, il y a quelques aspects qui méritent une étude approfondie : d'abord, le rapport entre langue et lieu inscrit dans l'action de la pièce; ensuite, la portée de ce rapport pour les publics montréalais et torontois; finalement, la façon dont ce rapport entre langue et lieu a été mis en scène différemment dans les productions montréalaise et torontoise. Nous allons voir que ces productions ont adopté des moyens divergents pour représenter le lieu où Gaston énonce son monologue.

L'espace du langage, la langue du public

Dans le rêve/récit de Gaston, on retrouve différentes descriptions de Chicoutimi, sa ville natale. Plutôt que de représenter une région québécoise homogène, Chicoutimi apparaît ici comme une frontière ou un contour, une zone intermédiaire aux multiples divisions. Ces différents aspects de l'environnement de Gaston l'amènent involontairement vers un état linguistique vacillant, aux limites de la pensée. Il importe donc de rendre compte des diverses manières par lesquelles Gaston tente d'exprimer la perception qu'il a de cet environnement fragmenté afin de saisir la teneur de ce récit quant aux démarcations linguistiques partagées par les publics montréalais et torontois.

Gaston indique d'abord que Chicoutimi est un mot amérindien qui signifie : là où l'eau est profonde («an amerindian word / it means up to where the water is deep» p. 13). Il altère ensuite cette signification et avance que Chicoutimi veut dire : là où l'eau est peu profonde («up to where the water is shallow» et «up to where it's not profound» p.18). La profondeur, prétend-il dans un premier temps, fait référence au Saguenay, «a big a beautiful a splendid river» (p. 13), mais l'action de son expérience traumatisante prend place dans les eaux peu profondes de la rivière aux Roches, se voulant elle-même une zone de démarcation entre la terre et l'eau, «this river was full of stones / as if a huge volcano hat spit them» (p.13). Chicoutimi signifie plus loin là où les bateaux peuvent aller («up to where the ships can go» p. 24) et finalement, là où s'arrête ou commence la ville («where the city stops or starts» p. 28). Gaston affirme initialement que Chicoutimi est, comme toutes les villes américaines, une ville laide et que cette laideur est très intéressante et significative («ugly / as every American town / and this ugliness is very interesting» p.13); «I believe in the power of destiny / to be born in Chicoutimi is very meaningful» (p. 18) pour ensuite contredire cette affirmation en avançant que cette région n'a rien d'intéressant et que l'on n'est pas responsable du lieu de notre naissance («there is nothing interesting to say about this area / we are not responsible of the place where we are born» p. 21). De plus, Gaston se réfère à Chicoutimi en tant que ville divisée, et son enfance, dit-il, s'y est déroulée à la frontière :

> the dream began
> on Sainte-Anne Street in Chicoutimi
> which is divided in two parts
> Chicoutimi and Chicoutimi-Nord
> the Saguenay separates them
> the Sainte-Anne bridge makes the link
>   between them

[...]
the Sainte-Anne Street starts at this bridge
and goes north to south
dividing the town in east and west
my parents rented a house on Sainte-Anne
    Street (p. 20)

Ces contradictions et ces zones limitrophes se rapportent à l'agitation intérieure inscrite d'emblée dans l'identité de Gaston, et émergent, sous forme de conflit, dans son être anglophone postaphasique. Ce n'est qu'au terme de son rêve, lorsqu'il survole la ville dans la peau d'une libellule, qu'il acquiert une perspective distancée et cohésive de Chicoutimi – et ce n'est qu'à cette distance qu'il se sent brièvement satisfait : «for the first time in his life / the sight of his native place / made him happy» (p. 49). Mais cette euphorie est trompeuse, puisque dans la suite des événements, la libellule ne peut éviter de s'écraser dans le chaos de la rivière aux Roches.

Dans *The Dragonfly,* les allusions aux lignes de démarcation et aux zones limitrophes de la ville s'entremêlent à l'identité floue de Gaston. Pour les spectateurs montréalais, la relation entre la langue et l'espace participe à la perception qu'ils ont de la différence entre les quartiers de leur ville. En effet, elle participe du discours public utilisé pour décrire et catégoriser les espaces de la ville. Le paradigme des «deux solitudes», emprunté à l'ouvrage canonique de Hugh McClellan qui porte le même titre, persiste, en tant que norme, à scinder Montréal entre, d'un côté, l'ouest anglophone et de l'autre, l'est francophone, séparé au centre par le boulevard Saint-Laurent, et ce malgré la diversité des formes d'échanges et de mélanges entre les deux communautés qu'a connue la ville au fil de l'histoire. Par ailleurs, le taux élevé et toujours croissant du trilinguisme au sein des communautés d'immigrants à Montréal offre un cadre linguistique à la représentation des différents espaces de la ville qui ne sont ni anglophones ni francophones. Par-delà la multitude d'expériences que l'on peut apprécier dans la ville, notamment au sein des communautés implantées dans le quartier chinois, le quartier portugais ou la petite Italie (longeant le traditionnel corridor des immigrants du boulevard Saint-Laurent), ou au sein de la diversité d'aires récentes d'implantation comme le quartier Côte-des-Neiges, ces espaces sont également perçus comme des endroits où des langues particulières peuvent être entendues, parlées et appréciées.

La redéfinition constante, chez Gaston, des zones limitrophes se rapportant à Chicoutimi et à la condition variable du soi linguistique exprime le dialogisme : l'état de changement et de flux constant prenant place dans un environnement linguistique diversifié. Si nous comprenons l'expérience urbaine comme étant partiellement caractérisée par la théâtralité, c'est-à-dire par la mise en scène de l'identité parmi des étrangers, les configurations linguistiques particulières de Montréal intensifient les relations changeantes entre les langues, l'identité et l'espace. Quelle langue, dans les termes de Simon, existe dans l'ombre de l'autre? Au sein du discours national du Québec, sous l'application de politiques comme celle de la Loi 101, l'anglais semblerait exister dans l'ombre du français. Montréal est statistiquement plus francophone qu'anglophone, mais l'anglais est tout de même parlé par une large communauté et constitue, sans aucun doute, la langue dominante dans certaines municipalités, de même qu'il conserve son statut international de *lingua franca*. Donc, à Montréal, le fait pour les anglophones de se trouver dans un milieu où l'anglais est parlé avec hésitation ou pas du tout ne constitue aucunement une surprise; inversement, un francophone peut également entrer dans un quartier où le français n'est plus la principale langue. Cette expérience donne fréquemment lieu à une évaluation de la langue appropriée à utiliser lorsqu'on s'adresse à un interlocuteur dans diverses situations, une négociation de la performance langagière qui anime dramatiquement plusieurs rencontres linguistiques. De plus, plusieurs Montréalais qui sont suffisamment bi ou trilingues, vivent et célèbrent le passage constant entre les rencontres linguistiques, à la fois dans les sphères publique et privée.

La narration de Gaston tourne autour de la dualité et de la limite, et fonctionne comme une

réponse à la peur de la singularité et de l'isole-
ment. Son immobilisme contredit son énoncé
initial, *je voyage beaucoup* («I travel a lot»). En
ce sens, Gaston tente de se libérer des limites de
sa langue, d'abord, en oblitérant l'oppression de
l'anglais incarné par Pierre; puis, en dévorant
symboliquement sa mère (voire sa langue maternelle) pour ensuite s'envoler. Mais alors qu'il
s'écrase dans la rivière aux Roches, nous sommes
amenés à nous interroger s'il ne pourra jamais
s'échapper de ses attaches. C'est une réflexion
sur les limites identitaires et spatiales que la
langue impose au sujet parlant : en tant que francophone unilingue, Gaston semble attaché à sa
localisation dans le Québec régional où son désir de s'exprimer librement – essentiellement de
communiquer, c'est-à-dire de rester en contact
(«to keep in touch») – ne peut jamais se réaliser.
Au lieu de quoi, ces actions l'ont d'abord mené
au silence, et ensuite à une forme altérée d'une
langue qui lui fut imposée, un idiome personnel
dans lequel son vocabulaire anglais fonctionne
maladroitement sur la structure grammaticale
française sous-jacente.

Pour le Gaston que nous voyons sur scène, le
«travel a lot» et le «keep in touch» peuvent être
interprétés comme un désir, et non comme une
peur, de passer d'une langue à l'autre :

I told you that I travel a lot
I told you that just to make me more interesting

that's not true
it's common sense that people who travel
are more interesting than people
who stay all their life in the same little spot
(p. 18)

Montréal apparaît en tant que point central de la réflexion du *The Dragonfly* : un lieu où le voyage entre les langues est un lieu commun, un lieu d'échange réciproque entre les langues. Enfermé irrévocablement dans ce mouvement, Gaston cherche avant tout à éviter l'exclusion, «to be in not to be out» (p. 12).

It's a question of fitting
I just want to fit with the scenery
the world is a bunch of problems
everyone knows that
if we share the same vision
we can handle the world
if we feel the same thing all together
we create a magic moment
(p. 12, c'est nous qui soulignons)

Il reconnaît que parler l'une ou l'autre langue est un événement ordinaire, quotidien, et pourtant il se sent menacé par le changement :

however what I want to express
is that the mere fact to dream in English
which after all is something more or less
   ordinary
even if as for me at that moment of my life
I was a French speaking person
was felt as a dramatic *change*
(p. 19, c'est nous qui soulignons)

Faire l'expérience de la langue comme moyen pour s'intégrer à un milieu («to fit with the scenery»), qui transforme dramatiquement l'individu («a dramatic change»), témoigne de la théâtralité de la parole dans les différents arrondissements de Montréal.

Les contacts linguistiques donnent lieu à une langue commune, c'est-à-dire la langue des affaires, celle des interactions dans la rue, celle de la musique jouée dans les cafés et même celle des écriteaux. À Montréal, même si la Loi 101 stipule que le français doit être prédominant dans l'affichage commercial, l'anglais occupe tout de même une place importante : les affiches de ventes de garage et celles de chiens ou de chats perdus, les menus dans les restaurants, les étiquettes de prix et les reçus, les journaux, les prospectus, les pancartes des grévistes ou des manifestants, etc. D'ailleurs, Larry Tremblay a déjà mentionné que l'idée d'écrire *The Dragonfly* lui est venue alors qu'il prêtait attention au menu bilingue du restaurant Ben's deli. Dans un texte portant sur la pièce, il avance que :

> *One day, in Montréal, having just let my mind wander in contemplation of a bilingual menu, French on the right, English on the left, I pulled out a little notebook and began to write. I jotted down the first lines of that play that kept running through my head, in which French was to be the main character. There I had my first surprise: the words that I was*

jotting down were in English. I believed then that this was just a little game, a sort of warm-up before seriously beginning my writing work. But, the next day, when I opened up my notebook, I continued to write in English[9].

Les lieux de contacts linguistiques se rapportent davantage à l'espace public qu'à la langue utilisée en privé ou à la parole intérieure. *The Dragonfly* se situe cependant à la croisée de la parole intérieure et de la langue commune. Le discours intérieur de Gaston est influencé par la collision externe des langues. Alors que la mise en scène de ses pensées, de son rêve, de ses peurs est destinée à un public, son monologue se veut également une confession qu'il se livre à lui-même.

Si, en effet, *The Dragonfly* émerge de l'expérience urbaine montréalaise et s'y rapporte, il importe alors d'interroger la possibilité de représenter cette expérience à Toronto. Ayant reçu un grand nombre d'immigrants depuis l'adoption officielle du multiculturalisme canadien au début des années 1970, Toronto est aujourd'hui la ville la plus diversifiée au Canada. Malgré la diversité linguistique de la population de Toronto, l'expérience multilingue reste essentiellement une chose privée : elle est vécue soit à la maison ou au sein des communautés culturelles, soit encore de manière superficielle à travers certaines publications ou par le biais de l'affichage commercial et des panneaux routiers. Le discours public sur le multilinguisme est généralement associé à l'apprentissage académique des langues : il est nécessaire d'offrir des cours d'anglais comme langue seconde pour les nouveaux arrivants, de même que l'apprentissage du français, langue seconde, apparaît comme une exigence scolaire déterminée par la politique nationale sur le bilinguisme.

Il reste néanmoins que l'anglais domine le monde des affaires et de la communication médiatique. L'anglais est donc la langue dominante qu'il faut maîtriser pour se débrouiller dans la ville. En fin de compte, le rapport entre la langue et l'espace se rapporte uniquement, ou presque, aux quartiers clairement identifiés à une communauté ethnoculturelle. La concentration de certaines communautés, comme par exemple la communauté chinoise dans le Chinatown, située sur l'avenue Spadina, à Toronto, peut susciter une certaine crainte chez les non-membres de la communauté quant à la possibilité de flâner dans un lieu où la communication serait difficile, voire impossible. Cependant, on sait qu'à Toronto on peut en tout temps se faire comprendre en utilisant l'anglais. Cette crainte apparaît donc comme une légende urbaine, un mythe. Malgré qu'une multitude de langues soient parlées et entendues à travers la ville, pour un Torontois anglophone monolingue, les différents accents que prend la langue anglaise se donnent comme un signe de l'altérité linguistique. Pour les nombreux Torontois maîtrisant une langue autre que l'anglais, le choix de la langue à utiliser n'est incertain que dans un nombre limité de situations.

En tenant compte de l'état précaire de l'interaction linguistique dans la psyché de Gaston, le lieu d'où Gaston livre son monologue est nécessairement ambigu : ce lieu n'est pas défini dans le texte et se résume à l'espace vide de la scène. Les différents choix scénographiques des deux productions ici étudiées témoignent d'une anticipation de l'attitude du public dans chacune des villes. Dans la production montréalaise, Larry Tremblay utilisa un décor dépouillé : sur l'arrière-fond noir de la scène se trouvait, pour l'essentiel, un fauteuil pivotant en cuir et une table à maquillage. Pour la production torontoise, Kevin Orr utilisa également un décor dépouillé : au centre, une surface surélevée sur laquelle Gaston grimpait et une table avec un verre d'eau posé dessus constituait l'essentiel de la scénographie.

Dans la représentation montréalaise, Gaston entre en scène en pleine possession de ses moyens et prend la parole comme s'il donnait une conférence «I travel a lot / I see a lot of things» (p. 11). Cependant, cet espace de conférence se transforme en un espace de confidences «I told you that I travel a lot / that's not true» (p. 18), puis en un espace de confession «I take his head with my hands and / crush it on the rocks / It was not Pierre who laughed» (p. 55). Le personnage de

Gaston se désagrège donc au cours de la représentation. Dans la mise en scène torontoise, Orr et O'Connor (le comédien tenant le rôle de Gaston) ont imaginé Gaston en train de s'adresser à une association de linguistes. Ils ont renforcé le conflit personnel de Gaston en le faisant monter sur scène comme s'il y accédait par hasard ou par erreur : il ne sait pas où il se trouve. Le personnage est déjà désagrégé lorsqu'il entre en scène. Dans ce lieu plus ou moins indéterminé, Gaston est perdu et raconte son histoire. L'acteur entre par une porte située au niveau du public alors que la salle restait éclairée. On tamise graduellement les lumières dix minutes après le début du monologue. Par ce procédé, Orr a voulu éviter le commentaire politique et a cherché à signifier au public torontois que le fait de perdre sa langue maternelle constitue une expérience terrifiante.

Avant de passer en revue la réception critique de chacune des deux mises en scène, il importe de considérer la relation entre la pièce et le public. Le monologue de Gaston peut s'interpréter comme un dialogue intérieur puisque lorsque celui-ci parle, il ment, il anticipe la réaction d'un interlocuteur, il s'interrompt lui-même, etc. Bref, c'est comme si Gaston est impliqué dans un rapport réel à autrui. Gaston se pense en intégrant l'autre dans sa conscience, il ne s'affirme pas de manière monologique. Son identité vacille, elle reste ouverte, inachevée (entre la vie et la mort) et dialogique. De même, le sens de son récit est incomplet, incertain, et appelle la présence d'un public ou d'un lecteur pour clore sa signification. Puisqu'il s'agit ici de théâtre, les significations de l'œuvre relèvent, en dernière instance, de l'expérience faite par les spectateurs. Il importe donc de considérer le théâtre comme une expérience vécue qui exige la présence «ici et maintenant» d'un public. En d'autres termes, une pièce de théâtre atteint sa forme achevée lorsqu'elle est jouée devant un public.

Selon H. G. Gadamer, la participation du public à une représentation théâtrale renvoie à l'action d'assister à un spectacle. «Assister à, c'est prendre part» (Gadamer, 1996, p. 142). Pour participer à la représentation, le spectateur doit se détacher de ses préoccupations quotidiennes pour ainsi se vouer entièrement à l'œuvre. De plus, assister à une représentation théâtrale suscite en principe du plaisir. Ce plaisir, toujours selon Gadamer, tient à la distance qu'entretient le spectateur par rapport à lui-même et qui lui permet de reconnaître ce qui est joué devant lui, c'est-à-dire de connaître sous un autre jour ce qu'il connaît déjà et attribuer ainsi une autre signification à la réalité.

On peut donc se demander ce que les publics de Montréal et de Toronto ont reconnu dans *The Dragonfly*? À cette fin, nous proposons d'analyser et de comparer les commentaires critiques publiés dans les journaux et les revues.

La «critique» dans les journaux montréalais et québécois

Salué par la critique montréalaise lors de sa création, *The Dragonfly* a suscité l'enthousiasme pour son audace et pour la performance hors pair de Jean-Louis Millette. Ainsi, Robert Lévesque, alors critique théâtral au journal *Le Devoir,* considère le texte de Tremblay «comme un exploit d'écriture et un morceau de bravoure», et Millette lui est apparu «grandiose de souplesse et de dureté à la fois» (*Le Devoir,* 29 mai 1995). De plus, Lévesque perçoit dans le récit de cet homme étranger à lui-même «ce ressassement angoissé d'un mythe de meurtre loin dans l'adolescence». Ailleurs, dans *La Presse* du 30 mai 1995, Jean Beaunoyer confirme la performance exaltante de Millette et l'audace de Tremblay, et avance que, pour les Québécois, *The Dragonfly* représente l'exploration et la découverte «du traumatisme de la langue de l'autre». Mais, n'insistant pas trop sur la question de la langue, son interprétation insiste davantage sur la qualité dramatique de l'œuvre : «un grand moment de théâtre» où «l'on peut tout puiser et tout interpréter». Dans l'hebdomadaire *Voir* (25 mai 1995), Isabelle Mandrian confirme la qualité du texte de Tremblay et du jeu de Millette et voit dans cette œuvre une «quête d'identité qui passe par la confusion linguistique». Cependant, en faisant référence à un commentaire de l'auteur, elle nuance l'importance de la question politico-linguistique et affirme qu'elle ne constitue qu'un prétexte pour une «tragédie personnelle». Pat Donnelly, du quotidien *The Gazette,* relève la puissance poétique du texte *(«it is written with an intoxicating poetic power and grace», The Gazette,* 29 mai 1995).

Lors de la reprise de la pièce, en 1996, Marie Labrecque, de l'hebdomadaire *Voir,* affirme que *The Dragonfly* traite de «l'aliénation d'un être devenu étranger à lui-même». Cette œuvre, dit-elle, est une métaphore qui «évoque le cauchemar des peuples minoritaires complexés par leur petitesse, face à la puissance d'autrui» (*Voir,* 18 avril 1996). Raymond Bernatchez, quant à lui, y voit essentiellement le problème du rapport à l'autre, ou encore de l'immixtion de l'autre dans la conscience de soi (*La Presse,* 20 mars 1997). Finalement, Paul Lefebvre, qui a signé la postface du texte publié, considère que la figure de Gaston Talbot annonce le sort du Québec, voire même du monde de demain, c'est-à-dire qu'après une longue période d'aphasie, les cultures s'uniformiseront et le Québec, comme le reste des petites nations, se réveillera en parlant anglais.

La «critique» dans les journaux torontois et canadiens

La critique torontoise salua le travail de Orr et O'Connor. Cependant, les éléments qui ont retenu l'attention sont autres qu'à Montréal. En date du 9 janvier 2002, Ray Conlogue du *Globe and Mail* (et auteur de *Impossible Nation,* ouvrage qui inspira la production torontoise), souligne que *The Dragonfly* témoigne des rapports de force politiques qui forgent le Canada *(«the play is about Canada itself»)* et insiste sur les tensions linguistiques qui animent le Québec : les Québécois francophones absorberaient, sans toujours le vouloir, une culture d'expression anglaise tout en se sentant menacés par elle. Le même Conlogue écrivait, dans le *Globe and Mail* du 20 juin 1995, que *The Dragonfly* illustre les raisons pour lesquelles le débat linguistique allait redevenir à l'ordre du jour de la politique québécoise (ce qui, semble-t-il, n'est jamais arrivé). Sa lecture de l'œuvre semble s'appuyer davantage sur la discussion menée par Paul Lefebvre à la suite de la représentation que sur l'œuvre elle-même. Pour Conlogue, *The Dragonfly* dramatise le conflit intérieur qui déchire tous les Québécois francophones : *«Quebec's artists, like other Quebeckers, are torn between their commitment to their language and the equally strong desire to participate in the party next door.»* Robert Crew, dans le *Toronto Star* du 5 janvier 2002, a vu dans *The Dragonfly* une pièce traitant de l'identité (comme toute les pièces de Tremblay) et affirme, en s'appuyant sur un commentaire de l'auteur, que Gaston porte le masque linguistique de l'autre afin de se parler à lui-même. Dans sa critique, Richard Ouzounian du *Toronto Star* (11 janvier 2002)

décrit la pièce comme un étrange tour de monta-
gnes russes linguistiques, car *«Gaston uses the
inflections and sentence structure of his Francophone self but the vocabulary that wraps itself
around it is largely the Queen's English»*, ce qui,
pour lui, fait de la pièce une métaphore politique.
Pour Robert Cushman, du *National Post* (14 janvier 2002), *The Dragonfly* est le spectacle d'un
homme *«caught between trance and consciousness, between childhood and maturity, and – most
bizarrely – between French and English»*. Affirmant que cette œuvre illustre la division linguistique qui scinde le Québec, il conclut cependant
en précisant que l'œuvre de Tremblay est plus
convaincante lorsqu'on l'interprète comme un
drame personnel que lorsqu'on y voit un conflit
politique. *L'Express,* un hebdomadaire francophone de la région de Toronto, publia, à propos
de la pièce, une série d'articles qui traitent des
questions relatives à la perte de sa langue maternelle et conséquemment à la perte de son identité. Le premier de ces articles, intitulé «Perdre
sa langue, perdre son identité» (18 décembre
2001), relate les circonstances tragiques du drame
de Gaston. Le deuxième article, signé Pierre
Karch (15 janvier 2002) et intitulé «Deux crises
d'identité», car il traite également de la pièce
Plan B de Michael Healy, décrit la pièce comme
«l'histoire de cet homme qui perd sa langue pour
sauver sa peau, qui n'arrive à se comprendre
qu'en se distançant de lui-même, qui ne peut

avouer le crime involontaire qu'il a commis qu'en se donnant une nouvelle identité». Dans *Now Magazine* (17 janvier 2002), un hebdomadaire alternatif de Toronto, Jon Kaplan explique que «*Gaston Talbot [...] has a language problem... [and] finds English words rolling around in his mouth as awkwardly as burrs he can't wait to expel. The tale that he tells with them is unconfortable, bloody and unsettling.*» En somme, il y voit une pièce construite sur une série de contrastes dont celui entre le français et l'anglais. Kevin Connolly de l'hebdomadaire alternatif *Eye* (10 janvier 2002) souligne que «*[The] Dragonfly seems to hinge on that simultaneous sense of intimacy and awkwardness that goes with expressing oneself in a strange, even hostile, tongue.*» Quant à Kamal Al-Solaylee, écrivant également pour *Eye,* il conclut que «*[The] Dragonfly proves that the dividing line is not what you lose in the translation but how you reconcile English and French theatrical sensibilities.*» Dans un autre journal alternatif de Toronto, *The Mirror* (4 janvier 2002), Maria Tzavaras dépeint le thème de la pièce comme étant celui de la perte de l'identité à travers la langue : «*Imagine being mute for 40 years and after a strange dream, you awake able to speak, but in a language different than your own.*» Enfin, Christopher Hoile de l'Association canadienne des critiques de théâtre écrit, dans la revue *Stage-Door* (10 janvier 2002), que *The Dragonfly* est une expression trop schématique de l'aliénation québécoise et que la plupart des spectateurs anglophones y verront une allégorie anti-anglophone. Pour Hoile, cette œuvre présente la langue anglaise comme la langue de l'oppresseur, tandis que le français y apparaît, dit-il, comme la langue de la nature (à cause du nom rivière aux Roches) et de la chanson (du fait que le personnage chante en français *Tout va très bien, Madame la Marquise* et *J'attendrai*). Il termine en disant que *«most people will not look charitably on such an unmitigated dose of self-loathing that blends two languages for divisive ends»* (ce qui, en rapport aux critiques torontoises, s'est avéré faux).

Les coulisses montréalaises, la mise en scène torontoise

David Whitely, dans un article intitulé «Of Mothers and Dragonflies : Two Montreal Solo Performances» (*Canadian Theatre Review,* n° 92), résume bien les commentaires émis au sujet de la pièce lorsqu'il affirme que *The Dragonfly* met en jeu les questions de l'identité et de la langue. Cela dit, certains des commentaires ici rassemblés voient dans la question linguistique un prétexte au récit du drame personnel de Gaston alors que d'autres y voient plutôt l'inverse, c'est-à-dire que le drame personnel y est perçu comme une allégorie des tensions linguistiques, voire même politiques, du Canada (ou du Québec). Plus spécifiquement, il semble que la question politico-linguistique préoccupe davantage les journaux canadiens et torontois, alors que ce qui a retenu l'attention des critiques à Montréal tient à la question de l'identité personnelle et à la qualité du spectacle (la performance de Millette et l'audace de Tremblay). À quoi cela tient-il? Serait-ce qu'à Montréal la rencontre du français et de l'anglais, qui se vit de manière quotidienne pour une grande partie de la population, est perçue comme un élément d'arrière-fond sur lequel se joue le drame, alors qu'à Toronto cette réalité est extérieure à l'expérience vécue, à l'expérience quotidienne, et apparaît plutôt comme une tension politique qui accède de manière plus ou moins idéologique à la vie quotidienne par l'intermédiaire des médias?

La différence entre la mise en scène de Tremblay et celle de Orr est à ce titre significative. Alors que la mise en scène de Tremblay insiste sur la tragédie individuelle du protagoniste, amenant ainsi les spectateurs à comparer le récit de Gaston à leurs propres expériences personnelles (les rencontres linguistiques étant vécues quotidiennement à Montréal), celle de Orr met de l'avant le sentiment de perte qui est engendré par l'utilisation de la langue d'autrui, amenant alors le public torontois à vivre une expérience qu'il ne vit pas quotidiennement. Cependant, les deux metteurs en scènes craignaient que la pièce soit mal interprétée : appréciera-t-on cette pièce dans un théâtre montréalais dont le mandat est de diffuser des créations québécoises francophones? Le public torontois se méprendra-t-il sur la dimension politique de la pièce? De même, le public montréalais, familier avec la co-existence des langues, trouvera peut-être étrange le drame de Gaston, chez qui la rencontre des langues a un effet troublant, voire aliénant, puisque dans la vie quotidienne cette réalité ne donne pas lieu à un tel effet. De plus, puisque Toronto compte une des plus grandes populations immigrantes en Amérique du Nord, pour le public anglophone de Toronto, la rencontre des langues n'est certes pas une réalité inconnue, mais suscite tout de même de l'étonnement, alors que pour les Torontois non anglophones cette rencontre est une réalité vécue. En effet, Orr a remarqué qu'une partie importante du public provenait de milieux non anglophones. Ces spectateurs, habitués de passer d'une langue à une autre en fonction de la séparation entre espace privé et espace public, partagent sûrement les angoisses de Gaston, puisque la crainte de perdre leurs langues maternelles dans un contexte où la langue anglaise règne est une réalité vécue. D'ailleurs, il est plus difficile pour les communautés immigrantes de préserver leurs langues maternelles à Toronto qu'à Montréal car, à Montréal, l'importance de conserver sa langue maternelle est prise en considération par différents acteurs (les individus, l'État, les médias, les associations communautaires et culturelles, etc.), alors qu'à Toronto la question linguistique ne mobilise pas autant d'énergie.

Il importe maintenant de revenir à la notion de plurilinguisme développée par Bakhtine afin de mieux saisir la spécificité du rapport entre les langues à Montréal et à Toronto. Dans un texte intitulé «Les genres du discours» (dans *Esthétique de la création verbale*), Bakhtine identifie deux genres généraux de discours : le genre premier (ou simple) qui relève de l'échange spontané, quotidien, «vivant» et le genre second (ou complexe) qui recouvre les différents types d'expression s'inscrivant dans des champs spécialisés d'activités tels la science, l'art, le droit, la politique, l'économie, etc. Pour Bakhtine, les discours du genre premier constituent la sève qui nourrit les discours du genre second. Ainsi, un discours complexe comme celui de la poésie dramatique puise à même les énoncés du discours de la vie de tous les jours et les inscrit en son sein (ou, en d'autres termes, les dialogues d'une pièce de théâtre s'inspirent des dialogues réels de la vie quotidienne). Cependant, lorsqu'ils se déplacent d'un genre de discours à un autre, les énoncés changent de signification, puisque les déterminations du discours sont autres. Ainsi, on peut dire que le discours théâtral cherche à émouvoir le public, alors que le discours quotidien ne se fonde pas sur une telle détermination. Par le déplacement des énoncés, et conséquemment de leurs significations, le discours théâtral amène le public à voir la réalité sous un autre jour.

Dans *The Dragonfly,* le spectateur assiste à un discours énoncé dans une langue autre que la langue maternelle du personnage. Pour le public montréalais, la rencontre entre les langues française et anglaise renvoie, comme nous l'avons dit, à une réalité quotidienne et peut-être même banale. À Montréal, cette rencontre n'est pas nécessairement vécue comme une tension sociale, elle se joue plutôt sur le plan individuel. Que l'on soit francophone, anglophone ou allophone, on se surprend parfois à penser dans la langue de l'autre, ce qui crée un effet d'étrangeté face à soi-même. En somme, le public montréalais assiste à une réalité qu'il connaît parce qu'il la vit quotidiennement, mais elle lui est présentée sous un autre jour, dans une forme radicale : elle s'impose ou se révèle par les voies de l'inconscient – le rêve de Gaston – et elle s'inscrit dans un forme artistique guidée par des déterminations autres que celles de la vie quotidienne, c'est-à-dire par le désir d'émouvoir et de secouer un public.

À Toronto, malgré la diversité des communautés qui y vivent, le bilinguisme montréalais tel qu'il se vit quotidiennement est une réalité non familière. Certes, on y entend quotidiennement une multitude de langues, mais l'expérience du bilinguisme ne domine pas la scène publique (on parle d'autres langues dans des situations privées ou au sein des communautés immigrantes). On peut en ce sens dire qu'il ne s'agit pas ici de l'immixtion du discours premier (quotidien) dans un discours second (théâtre), mais qu'on a plutôt affaire à l'intervention d'un discours second (médiatique ou politique) dans un autre discours second (théâtre). Cependant, avec l'immigration constante que connaît Toronto, il est possible que la question des contacts entre les langues se dégage du discours politico-médiatique et qu'elle devienne une réalité inhérente à la ville.

NOTES

1. Les auteurs tiennent à remercier le projet *Culture des villes : Montréal, Toronto, Dublin, Berlin* de son appui. Le projet de cinq ans est financé par le Conseil de recherche en sciences humaines du Canada (CRSH) dans le cadre de son programme de Grands travaux de recherche concertée (GTRC).

2. On peut citer en exemple le théâtre international de Robert Lepage; des textes bilingues comme la pièce *Balconville* (1979) de David Fennario ou les œuvres de la romancière contemporaine Gail Scott; ou encore les formes linguistiquement hybrides du poète A. M. Klein.

3. La production originale est partie en tournée, avec Jean-Louis Millette dans le rôle de Gaston, à Rome en 1997 et au Waterfront Theatre à Vancouver en 1999. Une production italienne a aussi été présentée

au Teatro Argot à Rome en 2002, avec Renato Campese dans le rôle de Gaston, dans une mise en scène de Maurizio Panici.

4. [Notre traduction] «*[...] you can compare a city to itself, according to the way it is portrayed in a certain chronotope, but also to others, in reference to a type, and also to the 'ideal city' that lies either behind, or beyond, in terms of historical experience, the possibilities of cultural expression, since it is only through projective comparison that cities finally exist in their own specificity as civilized units.*» Jean-François Côté, «Comparing the Culture of Cities : Epistemological Perspectives on the Concept of Metropolis from the Cultural Sciences», City Ciphers : Montréal, Toronto and the Problem of Comparison, Johanne Sloan, ed., Kingston and Montréal, McGill-Queens University Press.

5. Jane Moss, «Larry Tremblay and the Drama of Language», dans *The American Review of Canadian Studies,* été-automne 1995, p. 251-267.

6. Pour Bakhtine, l'immixtion du rêve dans les œuvres littéraires (spécialement dans la satyre ménipéenne) fait en sorte que le personnage ne correspond ou ne coïncide plus avec lui-même : «Les rêveries, les songes, les folies détruisent l'unité épique et tragique de l'homme et de son destin, découvrent en lui un homme différent, des possibilités d'une autre vie. Le personnage perd son achèvement, son monisme; il cesse de coïncider avec lui-même... La destruction de l'achèvement de l'homme y est également favorisée par une attitude dialogique vis-à-vis de soi-même (grosse du dédoublement de la personnalité).» Mikhaïl Bakhtine, *La Poétique de Dostoïevski,* trad. par Isabelle Kolitcheff, Paris, Seuil, 1970, p. 173. Dans

le même ouvrage, Bakhtine avance que les rêves-crises permettent la renaissance, le renouveau de l'homme : «Le thème central (on peut dire générateur du genre) du rêve-crise; plus exactement le thème de la régénération et du renouvellement de l'homme par le rêve, qui lui permet de voir "de ses yeux" la possibilité d'une vie toute différente sur cette terre» (p. 217-218).

7. La renaissance de Gaston est intimement liée à la mort : de manière symbolique dans le rêve, et de manière traumatique dans la réalité (dans l'œuvre). D'ailleurs, l'usage de la langue anglaise, chez Gaston, ne peut provenir que du désir qu'il éprouve à l'endroit de Pierre, mais Pierre est mort et Gaston ne peut le faire vivre qu'en lui empruntant ses attributs. Tandis que, dans son rêve, Gaston dit à sa mère, qui ne le reconnaît pas parce qu'il a le visage de Pierre, «I'm the flesh of your flesh» (p. 41). Comme le souligne Jean-Cléo Godin : «C'est d'abord cette relation complexe et obscure entre le moi et le moi-étranger que dit ce texte anglais pensé en français.» Jean-Cléo Godin, «Qu'est-ce qu'un Dragonfly?», *Les Cahiers de théâtre Jeu*, n° 78, (1996), p. 94.

8. Une remarque de Larry Tremblay signale que cette nouvelle forme d'écriture représente une forme de langue en mouvement, un acte en devenir : *«I was writing in a state of freedom I had never before felt. As if the play had already been written and all I had to do was copy it. Unconsciously I was no doubt telling myself : English isn't my language, after all, I can do what I want, I don't have to worry about my choice of words, their order, the rules of grammar, or syntax. I was no longer writing in fear of committing an error in French, since I wasn't*

writing in French. But writing in English words as I did, was it really writing in English?» Larry Tremblay, «Where Your're At à Montréal», dans *The Works : Dramaturgy coast-to-coast-to-coast,* nᵒ 36, automne 2002, p. 10-11. Traduction anglaise de Shannon Webb d'un texte inédit de Larry Tremblay.

9. Larry Tremblay, «Where Your're At à Montréal», dans *The Works : Dramaturgy coast-to-coast-to-coast,* nᵒ 36, automne 2002, p. 10-11.

BIBLIOGRAPHIE

BAKHTINE, Mikhaïl (1970). *La Poétique de Dostoïevski.* Trad. d'Isabelle Kolitcheff, Paris, Seuil.

BAKHTINE, Mikhaïl (1984). «Les genres du discours», *Esthétique de la création verbale.* Trad. d'Alfreda Aucouturier, Paris, Gallimard, p. 265-308.

CONLOGUE, Ray (1996). *Impossible Nation : The Longing for Homeland in Canada and Québec,* Stratford (Ontario), Mercury Press.

COPFERMANN, Émile et VITEZ Antoine (1981). *De Chaillot à Chaillot,* coll. «L'Échappée belle», Paris, Hachette.

CÔTÉ, Jean-François. «Comparing the Culture of Cities : Epistemological Perspectives on the Concept of Metropolis from the Cultural Sciences», *City Ciphers : Montréal, Toronto and the Problem of Comparison,* Johanne Sloan, éd. Kingston et Montréal, McGill-Queens University Press.

GADAMER, Hans-Georg (1996). *Vérité et méthode,* trad. d'Étienne Sacre, Paris, Seuil.

GODIN, Jean-Cléo (1996). «Qu'est-ce qu'un *Dragon-fly*?», *Les Cahiers de théâtre Jeu*, n° 78, p. 90-95.

GRUTMAN, Rainier (1997). *Des langues qui résonnent. L'Hétérolinguisme au XIXe siècle québécois*, coll. «Nouvelles études québécoises», Montréal, Fides / CÉTUQ.

MOSS, Jane (1995). «Larry Tremblay and the Drama of Language», *The American Review of Canadian Studies,* été et automne, p. 251-267.

SIMON, Sherry (2001). «Hybrid Montreal : The Shadows of Language», *Sites,* vol. 5, n° 2, p. 321.

TREMBLAY, Larry (2002). «Where Your're At à Montréal», trad. de Shannon Webb, *The Works : Dramaturgy coast-to-coast-to-coast,* n° 36, p. 10-11.

CRITIQUES

ANONYME. «Perdre sa langue, perdre son identité», *L'Express* (Toronto), 18 décembre 2001.

AL-SOLAYLEE, Kamal. «O'Connor Takes Off : The Dragonfly of Chicoutimi», *Eye Magazine,* 24 janvier 2002.

BEAUNOYER, Jean. «Jean-Louis Millette : l'état de grâce pour Dragonfly et pour tout le reste», *La Presse,* 20 mai 1995, p. A12.

BERNATCHEZ, Raymond. «The Dragonfly of Chicoutimi : le public en redemande», *La Presse,* 20 mars 1997, p. D8.

CONLOGUE, Ray. «Spectator Drama and Nuance in the Language Debate», *The Globe and Mail,* 20 juin 1995, p. D1.

CONLOGUE, Ray. «Stranger in a Strange Land», *The Globe and Mail,* 9 janvier 2002, p. R5.

CONNOLLY, Kevin. «At a Loss for Words : The Dragonfly of Chicoutimi», *Eye Magazine,* 10 janvier 2002.

CREW, Robert. «Chasing Dragonflies : Kevin Orr Wants to Make Directing Mark with Toronto Premiere», *The Toronto Star,* 5 janvier 2002, p. O4.

CUSHMAN, Robert. «Telling Ghost Stories», *The National Post,* 14 janvier 2002, p. B13.

DONNELLY, Pat. «Poetic Dragonfly Breaks New Ground : Play Defies Translation», *The Gazette,* 29 mai 1995, p. C4.

HOILE, Christopher. «Maudit Anglais», *Stage-Door,* janvier 2002, www.stage-door.org/reviews/misc 2001j.htm#dragonfly

KAPLAN, Jon. «O'Connor Awes», *Now Magazine,* 17 janvier 2002.

KARCH, Pierre. «Plan B et The Dragonfly of Chicoutimi : Deux crises d'identité», *L'Express* (Toronto), 15 janvier 2002, p. 10.

LABRECQUE, Marie. «The Dragonfly of Chicoutimi : Acteur fleuve», *Voir,* 18 avril 1996, p. 36.

LÉVESQUE, Robert. «Jean-Louis Millette et Anne-Marie Cadieux : L'Acteur, l'actrice en scène», *Le Devoir,* 29 mai 1995, p. B8.

MANDALIAN, Isabelle. «The Dragonfly of Chicoutimi : Langue Seconde», *Voir,* 25 mai 1995, p. 37.

OUZOUNIAN, Richard. «O'Connor Masters Dragonfly», *The Toronto Star,* 11 janvier 2002, p. D13.

TZAVARAS, Maria. «Speaking Part with a Twist : Loss of Language Tackled by Director of One-man Show», *The Mirror* (Toronto), 4 janvier 2002, p.10.

WHITELY, David. «Of Mothers and Dragonflies : Two Montréal Solo Performances», *Canadian Theatre Review,* nᵒ 92 (1997), p. 34-38.

ENTREVUES

DARROCH, Michael. Entrevues avec Kevin Orr, 10 septembre 2003 et 3 octobre 2003.

BIBLIOGRAPHIE

TO KEEP IN TOUCH
Postface de la première édition du *Drangonfly of Chicoutimi,* Montréal, Éditions Les Herbes rouges (coll. «Théâtre»), 1995.

UN CAS EXTRÊME D'HÉTÉROLINGUISME?
Cet article est paru pour la première fois dans Robert Dion (dir.), *Études francophones de Bayreuth / Bayreuther Frankophonie Studien,* vol. 5, Palabres Éditions (Brême), 2002, p. 125-137.

CHICOUTIMI, QUI VEUT DIRE...?
CARTOGRAPHIES DE LA SEXUATION DANS
THE DRAGONFLY OF CHICOUTIMI
Cet article a paru pour la première fois dans *Sexuation, Espace, Écriture. La littérature québécoise en transformation,* ouvrage publié sous la direction de Louise Dupré, Jaap Lintvelt et Janet M. Paterson par les Éditions Nota Bene, 2002, p. 447-467.

UNE INTERPRÉTATION
MICROPSYCHANALYTIQUE
Une première version de cet article a été publiée en italien dans *Rivista di Studi Canadesi,* n° 10, 1997, p. 93-101. Il a paru pour la première fois en français dans *L'Annuaire théâtral,* n□26, 1999, p. 131-151.

NOTICES BIOGRAPHIQUES

Yves Jubinville est professeur à l'École supérieure de théâtre (UQÀM) où il enseigne la théorie et l'histoire du théâtre. Publiés au Québec et à l'étranger, ses travaux portent sur l'histoire du théâtre québécois et sur la dramaturgie contemporaine.

Paul Lefebvre est traducteur, metteur en scène et professeur de théâtre. Il a publié de nombreux articles dans des revues spécialisées, en particulier les *Cahiers de Théâtre Jeu,* et collaboré à plusieurs ouvrages sur le théâtre québécois. Après avoir été directeur littéraire du Théâtre Denise-Pelletier, il est depuis 2001 l'adjoint du directeur artistique au Théâtre français du Centre national des Arts.

Robert Dion est professeur de littératures française et québécoise à l'Université du Québec à Montréal. Il mène actuellement des recherches sur la question des genres littéraires et plus particulièrement sur la biographie d'écrivain.

Robert Schwartzwald est professeur d'études françaises et francophones à l'Université du Massachusetts à Amherst. Il y dirige également le «Center for Crossroads in the Study of the Americas». Il a beaucoup publié sur la littérature et la culture québécoises aux États-Unis, au Québec et à l'étranger.

Chiara Lespérance, née à Montréal, a obtenu une *Laurea* en philosophie à l'Université La Sapienza de Rome. Psychanalyste de formation fantienne, elle a publié plusieurs articles sur la micropsychanalyse et un récit, *Ida. Giochi di specchi* (Greco & Greco Editori, 1999). Elle exerce la profession de micro-psychanalyste à Rome.

Michael Darroch a obtenu son baccalauréat (Université McGill) et sa maîtrise (Université de Montréal) en littérature et théâtre allemand. Son mémoire de maîtrise est consacré au théâtre de Bertolt Brecht dans le contexte de la RDA. Il a signé divers articles portant sur la diversité linguistique et culturelle de Montréal dont «New Orleans in Montréal : The Cradle of Jazz in the City of Festivals» (*Géocarrefour,* vol. 78, n° 2) et «Guichet Inside : On Languages, Signs, and Linguistic Spaces in Montréal» (dans *The Material City*). Doctorant en communications à l'Université McGill, il poursuit actuellement ses recherches sur le théâtre montréalais et berlinois.

Jean-François Morissette enseigne actuellement, à titre de chargé de cours, à l'Université du Québec à Montréal où il a obtenu une maîtrise en sociologie de la culture. Il s'intéresse notamment aux œuvres de Beckett et de Ionesco. Il a signé divers articles portant sur le théâtre dont, «Ionesco et la tragédie du lan-gage» (*Jeu,* n° 107) et «La scène théâtrale montréa-laise : une évolution tranquille» (en collaboration avec Jean-François Côté, *Jeu,* n° 105).

TABLE

COLLECTION « TERRITOIRES »

COLLECTION « SCÈNE_S »

Nathalie Claude
Le salon automate

Christian Lapointe
Trans(e)

COLLECTION «THÉÂTRE»

Yvan Bienvenue
Histoires à mourir d'amour
Règlement de contes

Denise Boucher
Les divines
Jézabel

Normand Canac-Marquis
Le syndrome de Cézanne
Les jumeaux d'Urantia

Jean-François Caron
J'écrirai bientôt une pièce sur les nègres...

Alain Fournier
Petit-Tchaïkovski ou La Liquéfaction de la lumière

Carole Fréchette
Baby Blues

Marie-Eve Gagnon
Trois sombres textes pour actrice éclairée

Michael Mackenzie
La baronne et la truie
Le précepteur

Marthe Mercure
Tu faisais comme un appel

Jean-Frédéric Messier
Le dernier délire permis

Michel Monty
Accidents de parcours

Pol Pelletier
La lumière blanche

Claude Poissant
Passer la nuit
Si tu meurs, je te tue

Téo Spychalski
Un bal nommé Balzac

Lise Vaillancourt
Marie-Antoine, opus 1
Billy Strauss

hors collection

Pierre Gingras
Considérations sur l'alcool et la ponctualité

Le Grand Cirque ordinaire
T'es pas tannée, Jeanne d'Arc?
(un spectacle reconstitué par Guy Thauvette)

Laurence Tardi
Caryopse ou Le Monde entier

France Théoret
Transit

Yolande Villemaire
Belles de nuit

Veilleurs de nuits 1
Bilan de la saison théâtrale 1988-1989

Veilleurs de nuits 2
Bilan de la saison théâtrale 1989-1990

Veilleurs de nuits 3
Bilan de la saison théâtrale 1990-1991

Veilleurs de nuits 4
Bilan de la saison théâtrale 1991-1992

Éditions Les Herbes rouges
C.P. 48880, succ. Outremont
Montréal (Québec) H2V 4V3
Téléphone : 514 279-4546

Document de couverture :
Jean-Louis Millette dans *The Dragonfly of Chicoutimi*
photographie de Yvon Dubé

Distribution : Diffusion Dimedia inc.
539, boulevard Lebeau
Montréal (Québec) H4N 1S2
Téléphone : 514 336-3941

Diffusion en Europe : Librairie du Québec
30, rue Gay-Lussac
75005 Paris (France)
Téléphone : (01) 43-54-49-02
Télécopieur : (01) 43-54-39-15

Cet ouvrage a été achevé d'imprimer
sur les presses de Marquis imprimeur
à Cap-Saint-Ignace en octobre 2011
pour le compte des
Éditions Les Herbes rouges

Imprimé au Québec (Canada)